Léa Lando

Affranchie

L'humour à portée de lettres

PLON
www.plon.fr

12, avenue d'Italie
75013 Paris
Tél. : 01 44 16 09 00
Fax : 01 44 16 09 01
www.plon.fr
www.lisez.com

Mise en pages : Nord Compo
Dépôt légal : novembre 2019
ISBN : 978-2-259-28074-7

Prologue

J'ai 15 ans à peine, je suis dans la cour de mon lycée et, pour la première fois de ma vie, mon corps et mon esprit ne sont plus en adéquation. Je découvre l'une des caractéristiques de ce que l'on appelle la « crise d'adolescence ».

Je ne pourrai jamais oublier ce que j'ai éprouvé ce jour-là. Je me sentais oppressée par l'envie de quitter immédiatement le monde qui m'entourait pour me retrouver seule, dans ma chambre, avec rien d'autre qu'un carnet et un stylo.

À cet instant précis et pour la première fois, j'ai eu envie d'écrire non pas à quelqu'un en particulier, mais à la vie. Cette vie qui me jouait l'un de ses tours que je ne connaissais pas encore.

J'avais l'étrange impression qu'elle venait de me prévenir que la naïveté et l'insouciance de mon enfance s'étaient envolées pour laisser place à la torture enrichissante que sont la réflexion, l'observation et la critique.

C'était si agréable de coucher sur le papier la façon dont j'analysais les situations qui m'avaient troublée que, toutes les années qui ont suivi, je me suis demandé si je ne les provoquais pas simplement pour pouvoir continuer à écrire.

Le papier était devenu le plus grand confident de mes états d'âme, de mes peines de cœur, de mes amitiés contrariées, de mes rêves les plus fous et de mes espoirs.

Quelle chance j'avais de pouvoir écrire non pas à des gens qui pourraient me répondre, mais à des événements, des concepts, des travers du quotidien ou même à des objets auxquels on peut souvent trouver, en tout ou pour partie, une certaine profondeur de par leur utilité ou, mieux encore, leur utilisation ! Comme c'est le cas, dans ce livre, pour ma lettre au plastique, au premier degré, au poil, à l'Épiphanie, à la mode ou encore à la mort.

À travers ces lettres, je dénonce et taquine le monde qui m'entoure, avec beaucoup d'autodérision. Car, pour bien se moquer du monde dans lequel on vit, il faut d'abord réussir à se moquer de soi-même.

Affranchie, c'est donc une cinquantaine de lettres drôles, mais qui ont aussi, je l'espère, un propos.

La plupart d'entre elles, je les ai lues sur Canal+ dans l'émission « L'info du vrai, le Mag », présentée par la si généreuse Isabelle Moreau. C'est Jérôme Bellay, journaliste, ancien patron de presse et producteur de l'émission, qui m'a proposé ce concept de « Lettre à… ». Et je l'en remercie, car, sans le savoir, il me demandait de me livrer à mon exercice favori.

L'affranchie, c'est moi ! L'ancienne juriste en droit des affaires ayant tout plaqué pour écrire. Auteure depuis plus de quinze ans pour des émissions de télévision humoristiques, des programmes courts, des chroniques radio, mais aussi pour certains autres humoristes. Et également, désormais, scénariste. Les « Lettres à… » ont leur parfaite place au milieu de ce parcours dicté par une plume caméléon.

Et, contrairement à M. Macron avec sa « Lettre aux Français », je ne me suis pas rétractée avant de vous les faire parvenir, en me disant que ça pourrait me coûter trop cher, qu'elles soient affranchies.

Car les miennes le sont toutes !

Et même si, pour les lire, il vous appartient de payer le timbre au dos de cet ouvrage, l'avantage est que, si vous attendez trop longtemps pour les finir, vous n'en serez pas pénalisés, comme avec le Trésor public.

Voilà de quoi vous détendre pour attaquer la première.

Lettre à… un tout petit écart

Aujourd'hui, j'ai souhaité écrire une lettre à un tout petit écart qui nous enquiquine.

Cher écart,

Toi qui te trouves entre le pouce et l'index, toi qui nous sers à dire « Ah, là, là, j'étais à ça de… », il serait temps de disparaître. Tu n'offres que frustration !

Et je te passe toutes les fois où « j'étais à ça » de conclure. Ce n'est pas le plus important.

Non, le plus important, c'est qu'on entend trop souvent dire : « Le monde est à ça d'aller mieux… », « L'écologie est à ça du progrès… », « D'ailleurs, on a eu chaud, parce que Nicolas Hulot était à ça de rester… », « Le pape est toujours à ça de se mettre tous les gays à dos ! » Ce qui voudrait dire que lui-même serait à ça de… Bref.

Et comme je sais ô combien les lecteurs sont souvent à « ça » de passer à la page suivante, j'enchaîne en vous confiant qu'en cette époque de prolifération de pesticides, de glyphosate et de gavage d'animaux, je suis à « ça » de devenir vegan. Sauf que ça, à « ça » près, tout le monde s'en fout. Surtout qu'en vrai je n'ai pas envie de mourir ! C'est pourquoi je suis juste végétarienne.

Tiens, d'ailleurs, parenthèse à ma lettre : vous saviez que nous, les végétariens, on se reconnaît entre nous ? Et vous savez pourquoi ? Parce qu'on a… faim ! Comme pourrait le dire un rappeur du 9.3 : « Si si la famine !!! »

Du reste, c'est dingue parce que, quand tu dis que tu es végétarienne, les gens en général te répondent : « Oh merde, et depuis quand ?! »

En fait, c'est le monde à l'envers. Les gens sont fous ! C'est toi qui fais tout pour sauver l'espèce animale, mais, lorsque tu leur dis que tu ne manges ni viande ni poisson, à voir leur tête, t'as l'impression d'avoir tué quelqu'un.

Ce qui les embête, au fond, c'est qu'ils n'arrivent pas à imaginer ce qu'il y a dans ton assiette. Comme s'il n'y avait QUE la viande et le poisson dans la vie !

Exactement comme tous ces gens qui demandent à des lesbiennes : « Mais alors ? Mais sexuellement, vous faites quoi ?! » Surtout que la réponse est la même : elles ne mangent plus de viande !!!

Et là, vous vous dites : elle est à « ça » de basculer dans la vulgarité, la Léa Lando. Quand je vous disais que « ça » n'était que frustration ! Mais non !

Bon, sinon, je suis à « ça » de changer de sujet, mais comme je n'ai pas fini...

Non, parce que c'est comme le poulet : on ne devrait pas avoir envie d'en manger, du poulet. Sérieusement, ils sont à trente dans une cage, c'est toute une famille de poulets qui ne peut même pas bouger... C'est trop petit... C'est insalubre... Ils sont nourris avec on ne sait même pas quoi ! Moi, ça ne me viendrait pas à l'idée de manger un Chinois... Vous non plus ? Bah voilà !

Sachez que si vous venez de rire à la phrase qui précède, même si j'étais à « ça » de vous apprécier, comme vous avez ri à une vanne raciste, vous perdez une étoile. Époque d'ubérisation oblige !

Non, mais sérieusement – et après je referme la parenthèse à cette lettre –, tous ceux qui mangent une escalope de poulet devant moi, je ne peux pas m'empêcher de leur dire : « Enfin, t'imagines que, si ça se trouve, il n'y a même pas deux semaines de cela, ce pauvre poulet était en train de courir gaiement... »

Eh bien, vous savez ce qu'ils me répondent en général ? « Oui, enfin, s'il est là, c'est qu'il n'a pas couru assez vite ! »

Que voulez-vous répondre à ça ? Les gens ne sont pas prêts.

Parenthèse fermée. Je reprends ma lettre. Oh, et puis non, parce que je suis sûre que je suis déjà à « ça » d'être trop longue et que, surtout, j'étais à « ça » d'être hors sujet… Alors, cher petit écart entre les doigts, je t'embrasse, mais, si tu pouvais être à « ça » de dégager pour nous offrir un monde, non pas à « ça » d'être meilleur, mais juste meilleur, on t'en serait tous très reconnaissants.

Lettre à… mes seins

Chers seins,

Ou plutôt devrais-je dire *dear boobs*, voire *my dear* trésors, puisque vous êtes américains et que vous m'avez coûté 9 000 dollars…

Déjà, merci ! Oui, merci pour ce nouveau travail d'auteur que vous m'avez aidée à obtenir…

Évidemment, je précise à mes amies féministes qu'il s'agit là d'une simple boutade : déjà, d'une part, parce que mes seins sont vrais, mon nombril en témoignera dans quelques années… Et puis, aussi, parce qu'à notre époque on n'obtient pas son travail grâce à ses seins, mais grâce à son… carnet d'adresses !

Et en réalité, si j'aime qu'on vous aime, chers *boobs*, j'aime moins qu'on vous aime trop ! Je préférerais d'ailleurs que, quand certains hommes vous reluquent, ça leur fasse nichon ni froid.

Ou que je puisse dire « camion », lorsqu'on me le demande, sans vous faire subir un désagréable et irrévérencieux « pouet ! pouet ! ».

Il m'est, du reste, arrivé de demander à mon partenaire s'il était radiologue tellement je ne savais plus si j'étais en plein rapport sexuel ou en pleine mammographie.

Les caresses, oui ; le malaxage, non !

J'ai parfois envie de vous apposer, comme sur certains colis, une petite étiquette « À manipuler avec précaution », car, si je suis bonne pâte, ce n'est pas une raison pour me pétrir.

Quoi qu'il en soit, chers seins, si aujourd'hui je souhaite vous célébrer, c'est que vous n'avez pas conscience de votre pouvoir. Vous pouvez créer des déferlantes de haine quand on vous montre ou, à l'inverse, rendre une personne célèbre, telle Nabilla dont on peut dire que « silicone de toute une génération ». Mais reste la question : est-ce que « Silicone » Valley… la peine, ou pas ?

Attendez, que les choses soient claires, je ne juge pas !

En effet, pourquoi ne pas opter pour des *boobs* Ikea qu'on achète en kit et que le chirurgien monte lui-même ? Ce n'est pas parce que je suis végétarienne que je n'aime pas la poitrine farcie !

L'important, chers *boobs*, est que vous êtes un moyen de faire passer des messages. À tel point, il est vrai, que les Femen ont pris leurs seins pour des banderoles.

Moi, je soutiens les Femen, mais c'est elles qui refusent tous les soutiens – et les soutiens-gorge en particulier.

J'adresse au passage une pensée respectueuse à Oksana Chatchko, la cofondatrice des Femen, qui s'est suicidée l'été 2018 à Paris.

Je ne sais pas si je peux l'écrire comme ça, mais tant pis je me lance : Oksana est le genre de femme qui en avait une belle paire !

Pour résumer : afin de dénoncer l'exploitation du corps des femmes, les Femen ont décidé de montrer leurs seins… C'est un peu comme si, pour interdire la violence causée par les armes, on tirait à la kalash sur tous les mecs qui en achètent.

Ou si on t'embauchait, Émile Louis, pour orchestrer une campagne de lutte contre la pédophilie !

En fait, les Femen torse nu, c'est comme si les naturistes manifestaient en doudoune : ça nuit à la clarté de leur propos. Disons que je suis pour le fond de leur combat, moins pour la forme.

Mais c'est là toute votre ambiguïté, chers seins, et on ne sait plus à quels « seins » se vouer, car vous êtes des symboles à la fois sexuels, mais aussi de maternité et de lutte féministe.

Il est d'ailleurs amusant de constater que les femmes qui ont milité pour le topless dans les années 1970 refusent à présent de montrer leur poitrine, car, si avec le temps l'urgence de la lutte n'est pas retombée, les seins, eux, si ! Les deux-pièces de l'étage – ou de « laitage », comme vous voulez – ont dégringolé au rez-de-chaussée.

Pourtant, j'aimerais tant qu'on vous célèbre librement, vous et vos tétons, comme dans la chanson : « Et les tétons petit navire, qui n'avaient ja-ja-jamais navigué, ohé, ohé ! »

Mais à l'heure où certains esprits chagrins s'insurgent qu'on puisse donner le sein en public, je vous encourage à vous souvenir du #JeSuisParis et à sortir, à vivre et à exulter en terrasse, afin qu'il y ait toujours du monde au balcon. Au moins un minimum. Car en cette période d'avancée féministe chez nous, et de recul ailleurs, je pense que toutes les femmes modernes sont des Wonder Woman – voire, en ce qui vous concerne, des Wonderbra Woman.

Alors, n'oublions pas la citation de ce grand homme qu'est Cookie Dingler, qui a dit en 1984 une phrase très juste, et malheureusement, depuis, rien n'a changé : « Être une femme libérée, tu sais, c'est pas si facile. »

Ah, et pour finir, post-scriptum : Surtout, chers seins, s'il vous plaît, qu'il s'agisse de vous deux ou de tous vos camarades, préférez être sauvages comme des lions ou fuyants comme des poissons, mais ne devenez pas cancer… Car vous nous aidez à nous sentir femmes et à être fières de l'être.

Je vous embrasse et je remercie la solidarité féminine d'exister.

Bien à vous, donc, et bien à elle.

Lettre au… Trésor public

Cher Trésor public,

Avais-tu déjà remarqué que tes initiales, T. P., signifient « Tu Paies » ? Alors que, si l'on se place de ton côté, elles signifient en réalité « Tu Prends ».

C'est pourquoi j'aurais pu commencer cette missive en écrivant : « Mon cher Trésor… »

Et à coup sûr, à ce moment-là, tu te serais attendu à quelque chose de doux et d'agréable. Mais dès qu'on accole « public », c'est fou, ça crispe tout le monde.

Pourtant, cher Trésor public, chaque année, tu nous le répètes : « Les impôts, ça paie les hôpitaux, les routes et les écoles. » Très bien ! Mais quand on n'est jamais malade, qu'on se déplace à vélo et qu'on a arrêté au lycée, on devrait plutôt gagner de l'argent, n'est-ce pas ?

Après, je t'accorde que c'est compliqué si l'on commence à faire le détail de qui a utilisé quoi : « Bon alors, qui a emprunté l'autoroute cette année ? » Et hop, on refait le sketch de l'addition de Muriel Robin avec les 17,1 millions de Français imposés. Oui, parce que tout le monde ne paie pas d'impôt…

En fait, les impôts, ça ressemble à une cagnotte Leetchi, genre c'est l'anniversaire de l'État et on doit lui filer une participation, sauf que c'est TOI qui décides de combien l'on met… Malin !

Ça serait super si l'on pouvait faire ça, nous aussi. « Combien, Tonton ?… Ah non, si tu ne veux pas que je te mette une lettre de relance, va falloir faire mieux que 100 euros ! »

Et puis, cher Trésor public, est-ce vraiment une bonne idée, cette histoire de prélever l'impôt à la source ?

On dirait un mendiant qui se transforme en pickpocket… Car, avant, tu tendais la main pour demander de l'argent, maintenant tu la mets directement dans la poche.

On pourrait même te comparer à un nutritionniste qui a décidé de stopper les régimes progressifs pour passer directement à la liposuccion !

Comme ça, pas le temps de s'engraisser, tu ponctionnes tout d'un coup.

Et c'est déjà le cas avec les fiches de paie : ça commence bien en haut, et puis, ligne après ligne, ça diminue – ici tu nous prends un bras, là un œil... Est-ce pour cela que tu as appelé ça des « prélèvements » ?

Donc, depuis 2019, tu viens directement chez nous, nous prélever un rein ! C'est vrai que c'est beaucoup plus sympa...

On aurait presque envie de demander à Stéphane Bern de mettre en place un loto pour sauver notre propre patrimoine, avec un jeu à gratter, mais où c'est nous qui gratterions un peu d'argent... Pour une fois !

Alors oui, c'est vrai, Emmanuel Macron vient de lancer un plan pauvreté et c'est bien vu, parce qu'une fois qu'on aura payé nos impôts on va tous en avoir besoin !

Et puis si, comme moi, tu es maudite – autrement dit que tu n'es pas mariée et que tu n'as pas d'enfant –, eh bien, tu n'as pas de part en moins ! Mais, dans ce cas, pourquoi, quand t'as des trucs en moins, on te fait payer des trucs en plus ?

Remarque, heureusement que je n'ai pas encore d'enfant ! Parce qu'un enfant, ça peut faire mille fois la même connerie, et tu as beau le prendre la main dans le sac, il dira toujours avec aplomb : « Non, non, c'est pas moi ! » En fait, avoir un enfant, c'est un peu comme si Patrick Balkany vivait chez toi…

Je te taquine, Trésor public ! Parce qu'en vrai il paraît que tu fais ça pour notre bien. Pour qu'on ait des écoles sympas, des hôpitaux avec des moyens, et plein d'autres trucs cool pour les plus démunis… Macron est de gauche, quand même !! HA HA HA HA HA HA ! Pardon, excusez-moi…

Non, je disais : heureusement que l'Administration fait en sorte que chacun contribue à la hauteur de ses moyens, petits contribuables comme grands actionnaires, et HA HA HA HA HA HA… pardon, désolée…

« Le problème n'est pas de faire grossir le gâteau, il est de répartir plus équitablement », je ne sais plus qui disait ça… Si ! C'est François Ruffin à l'Assemblée… ou Mercotte dans « Le meilleur pâtissier », mais c'est un peu vrai…

Du coup, en attendant, si le Président pouvait traverser la rue et me trouver une déclaration mieux équilibrée, je ne dirais pas non.

Car, à cet instant précis, je pense à ma mère dont la retraite ne suffit pas à payer le loyer, je pense aux hôpitaux qui manquent cruellement d'infirmières, et j'ai envie de te dire, cher Trésor public : « Il serait temps d'arrêter de partir en vacances avec notre pognon ! Dépense utile ! »

Quant à moi, je t'aurais bien donné quelques bises, en guise de pourboire pour service rendu, mais je n'ai plus les moyens.

À bientôt, donc… si mes sources sont bonnes !

Lettre au… plastique

Cher plastique,

Il y a quelques années, Elmer Food Beat n'était qu'éloge à ton égard et entonnait : « Le plastique, c'est fantastique ! » Et, bien qu'on eût préféré l'inverse, aujourd'hui Elmer Food Beat a disparu, et toi, cher plastique, tu es trop présent et, si l'on avait encore le cœur à chanter à ton sujet, ce serait plus : « Le plastique, c'est dramatique ! »

Notons d'ailleurs, au passage, que c'est la même chose pour Plastic Bertrand, pour lequel ça ne plane plus vraiment et qui, lui non plus, n'a pas su se recycler.

Comme toi, cher plastique, et je dis « cher » parce que c'est ce que ta prolifération risque de nous coûter : très, très, très cher. En effet, les réunions Tupperware, qui devaient libérer la femme, ont fini par aliéner la planète. Planète qui elle aussi va prendre cher en termes de biodiversité, car nos mers et nos océans se meurent d'être pollués.

Il y a trente ans, on envoyait des bouteilles à la mer ; aujourd'hui, c'est la mer qui nous renvoie les bouteilles, en forme de SOS. Aucun océan n'est à l'abri, plus une plage n'est indemne, et on s'y perd, par exemple, à Cannes : quand c'est fripé, tout racorni et passé par le soleil, on ne sait plus si l'on vient de marcher sur un vieux sac-poubelle ou sur une cagole de 70 ans qui bronzait là !

C'est simple : les mers sont si sales que, d'ici deux ou trois ans, dans « Koh-Lanta », la seule chose que les candidats attraperont en allant pêcher, c'est le tétanos !

On dit qu'on n'a jamais vu de vie extraterrestre, mais imaginez la scène si des extraterrestres débarquaient sur nos océans : *(accent pied-noir)* « Attends, Maurice, mais qu'est-ce que c'est que ce dépotoir ? C'est dégueulasse ici ! Si t'as cru que j'allais passer les vacances dans une décharge municipale, tu te fourres les tentacules dans les globes oculaires ! Allez, on remonte dans la soucoupe et on se casse direct !... Ah, je t'avais dit de pas réserver en ligne ! On se fait toujours avoir par les photos, ma parole ! »

Au fait, ne me demandez pas pourquoi les extraterrestres ont l'accent pied-noir, je n'en sais rien !

Mais, en vrai, si ça se trouve, des aliens, il y en a des milliers qui sont déjà venus, et qui sont repartis direct en voyant l'état de la planète ! D'ailleurs, soit dit en passant, vu comment on l'a reçue et vu dans quel état on va la laisser, à l'état des lieux, on ne risque pas de récupérer le chèque de caution ! Et ça, ça me fait mal au cœur !

Cher plastique, tu ne peux pas continuer à proliférer de la sorte ! Change de branche : recycle-toi. Tu pourrais devenir plein d'autres choses : des baskets pour courir, des polaires pour le froid ou de nouvelles fesses pour les Kardashian.

Plus généralement se pose le problème dans nos sociétés du recyclage des ordures. Que faire, par exemple, de Harvey Weinstein ? #BalanceTonPorc, certes, mais garde ton plastoc !

Le problème, cher plastique, c'est que tu as pris le contrôle de nous, alors que nous devions te contrôler. Et si l'on sent bien – à travers notamment l'affaire du glyphosate qui nous tue tous, mais que le gouvernement n'interdit pas – que l'écologie n'est pas le problème de nos dirigeants, il nous reste un pouvoir à nous, consommateurs : celui de NE PAS acheter.

Car, pour la première fois, nous pouvons résoudre un problème en ne faisant rien, autrement dit « en n'achetant pas ». Car rappelons que les grandes entreprises ne sont sensibles qu'à une chose : le profit.

Alors, cessons de choisir des produits que j'appelle « artichauts » : vous savez, ces produits qu'une fois déballés à la maison, on en a plus dans la poubelle que dans le frigo.

Cher plastique, admets que tu fais partie des choses que l'on ne garde pas ! Tu es aussi éphémère que la carrière politique de Nicolas Hulot. C'est lui qui devait s'occuper de toi, du reste. Mais t'as fait tellement de dégâts qu'il est parti en nous laissant le sale gosse.

Heureusement, il y a un père de substitution qui est arrivé au ministère de l'Écologie. Au début, je me suis dit : François de Rugy remplace Nicolas Hulot. Super ! Et puis je me suis souvenue de la fois où un François avait remplacé un Nicolas… Eh bien, ça ne m'a pas rappelé un succès !

Mais on peut tous agir. Nous, les vegans et les végétariens, on fait notre part ; du coup, vous, les mangeurs de viande, vous pouvez donner un coup de main : puisque vous êtes omnivores, mangez du plastique ! Une belle entrecôte et ses frites en PVC, et la planète avance… Rendons d'ailleurs hommage aux visionnaires de chez McDo qui préparent des nuggets en plastique depuis de nombreuses années !!!

Certes, je vous l'accorde, c'est moins pratique de siroter des cocktails sans paille ou de faire l'amour avec des préservatifs en laine, mais, mon cher plastique que nous avons tant aimé, on doit maintenant t'abandonner si nous voulons laisser un monde pas trop ravagé à nos enfants.

Nous pouvons tous ensemble choisir de boycotter – et de « girlcotter », d'ailleurs – les produits trop polluants. Les initiatives comme les *plastic attacks*, les écocourses, les journées de nettoyage se multiplient, et il faut les encourager et mieux consommer.

Nous devons arrêter d'être des « consommateurs » et devenir des « intelligents-sommateurs » ou, à défaut, des « responsables-sommateurs ».

Alors salut, plastique, et même, en ce qui me concerne : adieu.

Et ne cherche pas à me retenir. Pour une fois que je peux quitter quelqu'un !!!

Lettre à… la mode

Chère mode,

Je voulais t'écrire parce qu'en ce moment on te célèbre dans Paris, avec la Fashion Week.

Tu sais, la Fashion Week : Halloween avant l'heure, sans le côté festif et avec les regards hautains en plus.

Chère mode, rends-toi à l'évidence, si l'on dit « fashion victim », ça veut bien dire que la mode n'est pas notre amie. On ne peut pas être victime d'un truc cool !

On dit « fashion victim » probablement parce que la haute couture a tendance à assassiner ton compte en banque. Et, dans mon cas, elle a même tendance à assassiner ma confiance en moi… Parce qu'on n'est pas tous égaux devant les habits.

Y en a, ils mettent n'importe quoi, ils ont l'air classe, et d'autres qui mettent des trucs classe, et ils ont l'air de n'importe quoi.

Tout ce que portent les mannequins, ça leur va comme un gant… mais, quand nous on l'essaie, ça nous va comme une moufle !

Après, attention : petite, grosse, moche, difforme, avec un bec-de-lièvre, pas de cheveux, franchement, ce qui compte, c'est… de ne pas être tout à la fois !

Mais je vais vous dire : personnellement, je voudrais bien voir une mannequin avec sa robe chapeau, ses santiags en polyester et son blouson tressé en poils de yack dans un supermarché, en train de pousser son Caddie, avec une roue coincée qui grince à travers les allées, son fils qui jette toutes les boîtes de petits pois par terre, sa fille qui hurle parce qu'elle vient de remplir sa couche, sans oublier la petite vieille qui lui demande si elle peut lui passer devant ! On verrait, là, si les talons de vingt centimètres et la robe chapeau, c'est si pratique que ça, connasse !

Pardon. Il me semble que je me suis légèrement emportée.

Et puis, chère mode, tes mannequins sont beaucoup trop maigres !!! Heureusement qu'on ne peut pas ramener un pitbull à l'un de tes défilés, il aurait l'impression d'être à un buffet à volonté : il y a des sacs d'os partout !

Et même si la beauté de leur visage donne parfois chaud, il ne faudrait pas allumer un ventilateur : on risquerait de retrouver six mannequins lingerie collés au plafond !

Oui, je médis et évidemment que je n'en veux pas aux mannequins, mais plutôt aux gens qui nous imposent des modèles, des références qui ne sont pas du tout dans la norme.

Ils nous font croire que c'est nous qui sommes étranges, alors que c'est eux ! Parce que quand t'es tellement à la pointe de la mode que vous n'êtes que sept à le savoir, eh bien, en fait, tu n'as pas l'air si bien habillé : t'as juste l'air d'un con.

Et puis, il faudrait dire aux gens qui travaillent pour toi d'arrêter de parler bizarrement. Ils remplacent tous les « i » par des « aïe ». Ça prouve bien que la mode fait mal : « Tou es ma-gni-faïïïïque !!! Fantastaïque ! » Je dirais plutôt « hypocraïïïïtes !!! ».

Autre exemple : quand nous, on dit « Je suis la mode », notre regretté Karl Lagerfeld, lui, disait : « Moi, che suis la mode. » Pour lui, c'était le verbe « être ». Donc, pendant que certains suivent la mode, lui, il EST la mode et moi je HAIS la mode. Et elle me le rend bien.

La preuve : si je mets cet imprimé léopard, qui est revenu très à la mode, et qu'on me dit que je gagne en classe, ce n'est pas faux ! Visuellement, on dirait une lycéenne qui, d'un claquement de doigts, a une tête de prof. Coup de vieux, ma vieille…

À propos de cet imprimé léopard qui revient à la mode, quand une cougar porte du léopard, ça s'annule, non ? Ou bien elles se bouffent entre elles ?

Heureusement, la mode est cyclique : les tendances reviennent tous les dix ans, si bien que, si tu restes habillé pareil pendant dix ans, t'es sûr d'être super à la mode au moins une fois. En revanche, la contrepartie, c'est qu'il y a neuf années où tu seras vraiment ringard : c'est la théorie dite « Donald Trump », qui doit en être à sa huitième année… Plus que deux ans, Donald, courage !!

Et vous avez vu, même dans les alcools il y a des modes : une année, c'est le rosé pamplemousse, la vodka caramel ; l'année d'après, on s'est mis au spritz ; avant, c'était le gin-tonic… Je me demande comment ça se passe : qui décide ? Qui est le Karl Lagerfeld de la picole ? Qui organise les défilés de mode de l'alcool ?

« Écoute, ma chérie, j'ai fait le défilé Ricard, c'était hyper bien, très novateur, très jeune : on a vomi quatre fois… Nan, vraiment, on a a-do-ré, burps ! »

À mon avis, le grand couturier de l'alcool doit être un vieux sage qui s'y connaît hyper bien en alcool, bourré en permanence… Eh, mais c'est ça ! C'est Jean Lassalle ! C'est lui, le Yves Saint Laurent du pastaga, le Christian Dior de la défonce et, là, tout s'explique : en fait, pendant la présidentielle, il était en plein boulot pour la grande saison d'été 2017 et, du coup, il n'était pas saoul, il bossait pour qu'on puisse se régaler pendant les beaux jours : merci, Jeannot !

Enfin, heureusement que la mode bouge vite…

Aujourd'hui, il y a des choses qui ont été très à la mode et qui ont totalement disparu, comme les pin's, les hand spinners (seuls ceux qui ont des enfants voient de quoi je parle) ou encore l'honnêteté en politique (seuls ceux qui… ah non, là, tout le monde voit !).

En réalité, c'est étrange, la mode : par exemple, les hipsters. Vous savez, ces types avec de grandes barbes, les cheveux hirsutes et des pulls chelous… À force, on ne sait plus s'il s'agit d'un hipster ou d'un clochard ! Alors, pour vous aider à les différencier, j'ai une petite astuce qui consiste à regarder la mâchoire : plus de sept dents, c'est un hipster ; moins de sept dents, c'est un clochard.

En fait, la barbe, c'est comme la beauté intérieure : un truc de moche.

C'est un peu une doudoune de visage, ça cache ce qu'il y a dessous. Tu ne peux pas nous faire croire qu'une barbe transforme un mec moche en un mec branché.

Alors, chère mode, désolée, mais je te laisse avec la phrase d'un homme qui, lui, le sera vraiment toujours, à la mode : c'est M. Aznavour, qui disait : « Tu te laisses aller, tu te laisses aller… »

Lettre à… La Poste

Chère Poste,

Je t'écris cette lettre tout en sachant que tu la liras probablement en retard, voire pas du tout, vu que tu te l'apportes à toi-même…

Car, oui, écrire à La Poste, c'est comme apporter du pain à son boulanger, ou détourner de l'argent aux Balkany. C'est tellement retourner la situation que personne n'y pense. Sauf moi !

Et puis, surtout, qui lit encore son courrier ? C'est vrai, chère Poste : qui écrit encore, à part les gens qui nous veulent du mal ? C'est toujours pour les impôts, la taxe d'habitation, les contraventions ou les dernières promotions au supermarché du coin. Comme le soda à 1,90 euro le litre de diabète, la pâte à tartiner à 1,30 euro le pot d'huile de palme cultivée par des enfants sous-payés en Afrique, ou encore la viande bovine origine France à treize mille litres d'eau le kilo et responsable de plus de 20 % du réchauffement climatique, et j'en passe. Surtout que, pour ce dernier exemple, je ne suis pas objective puisque je suis végétarienne.

Bref, chère Poste, finies toutes ces choses que nous avons connues : finies les enveloppes bleues à liseré rouge avec écrit « Air Mail » ou « Par avion ». Et si vous vous en souvenez, chers lecteurs, un constat s'impose : vous êtes vieux !

Il est loin le temps où ton cachet faisait foi pour répondre aux jeux-concours « sur papier libre uniquement ». Qu'est-il d'ailleurs arrivé ? Où sont passés les papiers libres ?... Libérez les papiers !

Car il faut bien se rendre à l'évidence : avec les mails, nous sommes tous devenus des sans-papiers. Soixante-cinq millions de sans-papiers. Bonne nouvelle pour les arbres, horrible nouvelle pour le Rassemblement national !

Chère Poste, accepte-le, tu es devenue un messager de mauvais augure.

Un maigre faire-part de mariage ou de naissance arrive encore bon an mal an dans la boîte aux lettres, au milieu des prospectus de serruriers dont on sait très bien qu'ils peuvent ouvrir ta porte avec une feuille de papier radio pour 10 balles, mais qu'ils vont d'abord te proposer de la casser et de la remplacer pour 7 000 euros. Et qui sont donc pires que les impôts qui, au moins, ont le mérite d'annoncer franchement la couleur… #BalanceTaPoste.

Alors bon, chère Poste, soyons honnêtes, les gens passent de moins en moins par toi. Si on refaisait la comédie musicale *Notre-Dame de Paris* rien que pour toi, ça donnerait *(sur l'air du « Temps des cathédrales »)* : « Il est fini le temps des cartes postales, des lettres enflammées, à croire que ça coûte trop cher ! »

Et j'ai même entendu dire que certains juifs et musulmans refusaient de payer « les frais de porc »…

C'est un fait, aujourd'hui, il n'y a plus de courrier : on se fait larguer par texto, on apprend par Facebook qu'un enfant est né, on sait que quelqu'un est mort dès qu'on voit défiler sa photo sur Instagram. Et on découvre sur Tinder avec qui on va coucher, avant même de l'avoir rencontré.

D'ailleurs, en parlant de Tinder, je l'avoue, comme je suis un peu vieux jeu, même sur cette appli j'ai tendance à m'attacher au moindre compliment ! En fait, je suis comme un timbre : je deviens collante dès qu'on me lèche le derrière…

Et tu me le rends bien, chère Poste, puisque après ça je reçois un bon nombre de « N'habite plus à l'adresse indiquée » !

Pardon, je m'égare.

Chère Poste, serais-tu vouée à l'extinction ? Peut-être que, pour exister un peu plus, tu pourrais créer des émissions de télévision qui te seraient dédiées, comme, par exemple, « Des chiffres et des lettres recommandées », ou alors « Faites entrer l'accusé de réception » avec des enquêtes sur des colis disparus ou mal traités. Ou mieux encore : une émission animée par Cyril Hanouna déguisé en facteur, intitulée « Touche pas à ma Poste ! »… J'en sais rien, je propose !

Parce que oui, chère Poste, je le répète, mais tu as mauvaise presse : faut voir toutes les métaphores faites à partir de ton champ sémantique ! Il est très rare qu'on complimente quelqu'un parce qu'il est timbré. Et dire d'une personne qu'elle est enveloppée n'est pas vraiment gage d'une silhouette parfaite… Et si, par ailleurs, dans certains milieux, il est valorisé d'être un « affranchi », pour le commun des mortels, c'est plutôt synonyme de prison… C'est du moins ce que je me suis laissé dire, car, après tout, « y a pas marqué La Poste, ici ! ».

Je pense aussi à tes pauvres facteurs délaissés par tous et obligés de sombrer au plus bas, allant parfois jusqu'à commettre des crimes ! Et, si tu ne me crois pas, écoute le dernier rap d'Olivier Besancenot ! Qui assassine à la fois la musique, le rythme et même un peu son amour-propre !

Cela dit, chère Poste, tu es un bel exemple de reconversion : en effet, tes facteurs de province, ayant de moins en moins de courrier à livrer, se voient confier diverses missions auprès des habitants des campagnes isolées. Ils peuvent ainsi livrer des médicaments ou des commissions et assurer un lien social. Bref, nos facteurs sont devenus de véritables couteaux suisses, les lames en moins, l'alcool en plus. Je plaisante… Bravo, et merci à eux d'être devenus le lien invisible, l'élément manquant : le fameux facteur X !

Je tenais également à te féliciter pour ta modernité, chère Poste… C'est bien d'avoir fait le plein de machines pour ne plus faire la queue. Le problème, maintenant, c'est qu'on fait la queue pour savoir comment elles fonctionnent !

Je dis un peu de mal de toi, chère Poste, mais sans doute se glisse-t-il dans ma mauvaise foi une grande part de nostalgie, car je te dois la vérité : en écrivant cette lettre, j'espérais vraiment qu'elle passe comme une lettre à La Poste !

Lettre aux… ex

Chers ex,

J'ai rédigé cette missive en sachant pertinemment que, normalement, on ne vous écrit pas de lettre. Non. Quand on vous écrit, c'est plutôt un texto… vers les 3 h 47 du matin, qui dit : *(voix de fille ivre)* « Tu m'manques, j'peux pas viv' sans toa… »

Et qu'on regrette aussitôt réveillée, comme chacun des six derniers shots de vodka caramel dont on s'était promis que c'était le dernier avant de quitter la soirée. Enfin je dis ça, je ne sais pas, je n'envoie pas de texto comme ça… Non, moi, à 3 h 47, je distingue même plus les touches de mon téléphone !

Bref, je ne vais pas vous faire la liste de tous mes ex, bien que je repense à certains avec tendresse :

— Antoine en troisième D ;

— Jérôme en troisième D, parce que, oui, on peut redoubler ;

— Isabelle en seconde A, parce que, oui, on peut expérimenter !

Mais aujourd'hui tout change et, dans la « start-up nation », on ne quitte plus : on réalise un audit global de la situation afin d'optimiser son positionnement amoureux, et on implémente un « process » de « disruption ».

« Écoute, chéri, j'ai fait appel à un consultant extérieur et il en ressort que je vais devoir me séparer de 50 % des effectifs au sein de notre couple, MAIS j'ai organisé un petit pot d'adieu vers 18 heures, un truc informel assez cool… Je me suis cotisée et, tu vas voir, ça va être hyper sympa ! »

Alors, l'avantage, avec les ex, c'est que tout le monde sait de quoi je parle, car tout le monde a des ex.

Même France Télévisions… qui a été une grande pourvoyeuse d'ex : après Tex, David Pujadas ou encore Julien Lepers, elle a aussi fait de Patrick Sébastien, l'un de ses plus fidèles, un nouvel ex. Même si ça leur fait bizarre, aux hommes de 60 ans, qu'une chaîne de télévision se comporte finalement comme eux. Préférant se maquer avec de la chair fraîche, beaucoup plus jeune... C'est à regret que nous n'allons plus faire tourner les serviettes, mais les Kleenex ! Car il nous manquera, Patrick.

Et parfois, chers ex, vos histoires se confondent et se chevauchent, comme dans le cas de Karim Benzema, par exemple, qui est un ex de Zahia, elle-même ex de Ribéry, qui est devenu un ex-joueur de l'équipe de France, après avoir été poursuivi pour avoir fait chanter un ex-coéquipier avec une sextape faite avec une ex à lui !

Bref, *dura lex, sed lex*, comme disait un ex d'Aix-en-Provence. *Ex caetera, ex caetera*...

En fait, j'envie ceux qui n'ont pas d'ex... Comme Emmanuel Macron ou le pape. Le premier parce qu'il s'est mis en couple très jeune et le second parce qu'il ne l'a jamais été. D'ailleurs, c'est peut-être pour cette raison qu'il ignore ce qu'est vraiment une IVG...

Quant à Brigitte Macron, elle, au moins, n'a pas de problème avec les ex de Manu, vu qu'il est sorti avec elle en première, enfin elle était SA première et lui était EN première. Et c'est pour ça qu'on dit que c'est la première dame, à nous, mais aussi à lui…

Quoi qu'il en soit, il se rattrape, Manu, parce qu'avec Laura Flessel, Nicolas Hulot ou encore Gérard Collomb, ça commence à lui en faire, des ex ! Emmanuel Macron se fait larguer de partout : s'il continue, il va finir par avoir autant d'ex-ministres que François Hollande a eu d'ex-copines ! Souvenez-vous, lui, il disait : « Le changement, c'est maintenant. » Il avait juste oublié de nous préciser que c'était le changement de femmes !

En revanche, il faut le dire, chers ex, vous êtes l'une des plus grandes injustices qui soient, car, avant que vous ne soyez un ex, on participe à votre élevage : on se tape tout le sale boulot pour faire de vous quelqu'un de bien, et c'est la nouvelle – ou le nouveau – qui va en bénéficier ! Je suis désolée, mais on devrait avoir le droit à une indemnité, quand un ex vous quitte : on rencontre la personne qui nous remplace, on lui fait un devis et elle paie !

Gérard Collomb devrait donc faire un devis à Christophe Castaner. Et Françoise Nyssen un devis à Franck Riester. Auquel elle ajoutera sans doute, d'ailleurs, le devis de la mezzanine. Mais si, souvenez-vous…

Quant à Gérard Collomb, il n'a rien compris. Il a quitté Lyon, devenue son ex, et voilà qu'il veut revenir ! Du haut de ses deux siècles d'expérience, il devrait le savoir, Gérard Collomb, que c'est une connerie de se remettre avec une ex !!!

Car ne nous y trompons pas, l'ex est toujours là, rôdant tel un fantôme… Ou plus exactement tel un zombie, dont on ne sait s'il est vraiment mort ou s'il va ressusciter d'un moment à l'autre.

Soyons honnêtes, il suffit d'une mauvaise passe avec l'actuel et, hop, c'est le retour de la revanche, du come-back, de la suite, du *sequel* de l'ex-zombie ! Pour vous dire, aux États-Unis, ils ont failli appeler la série *The Walking Ex* !

Parce que, même si ça semble toujours être la solution de facilité, ressortir avec un ou une ex, c'est comme retourner au McDo après 30 piges : soit t'es bourré, soit t'as VRAIMENT la dalle…

En gros, si l'on reste dans l'alimentaire, disons que ressortir avec un ex, c'est un peu comme aller manger indien : sur le moment tu vas prendre du plaisir, mais tu vas en chier pendant des semaines !

En fait, pour les garçons, ressortir avec un ex, c'est comme prendre un préservatif usagé… C'est rassurant parce que t'as laissé un peu de toi dedans, mais ça reste sale !

Car, chers ex, vous êtes en réalité une machine à idéaliser. Il est en effet rare qu'une personne égoïste et pénible devienne l'abbé Pierre deux ans plus tard, juste parce qu'on n'est plus avec elle… Ou alors, le problème, c'est pas elle. C'est vous !

Bon, allez, chers ex, je m'arrête là, car, comme disait toujours l'un de mes ex, justement : « Plus c'est court, plus c'est bon ! »

Salut.

Lettre à… l'heure

Chère heure,

Je voudrais m'adresser à toi, si tu as le temps !

Je parlais des ex dans ma lettre précédente, eh bien, finalement, le changement d'heure, c'est comme un ex : « ça s'en va et ça revient » et ça gave tout le monde.

Sérieusement, que s'est-il passé dans la tête du type qui a eu cette idée du changement d'heure ? Il s'est dit : « Oh, l'hiver, c'est chiant, il fait froid, c'est la déprime, alors quitte à avoir envie de se pendre, autant faire démarrer la nuit à 17 h 23 ! »

Bref, on va changer d'heure, ce qui veut dire que, la semaine prochaine, il va y avoir une heure qui n'existe pas, où personne ne fait rien. Une heure perdue pour tout le monde ; et il arrive parfois que cette heure dure tout un quinquennat et, ça, c'est le règne de François Hollande. Eh oui, messieurs-dames, le changement d'heure, c'est maintenant !

Franchement, et si on ne le faisait pas ? Allez, on organise un grand rassemblement. Mieux : une marche contre le changement d'heure et, si l'on court, ben, ce sera une course contre la montre !

D'ailleurs, une astuce : si vous voulez gagner contre la montre, enlevez-la avant de commencer à courir, ainsi vous êtes sûr d'arriver avant elle... Sinon, vous pouvez vous attacher le bras dans le dos, mais je ne vous cache pas que c'est beaucoup moins pratique.

En gros, chère heure, on attend six mois pour te changer, ça prend la tête à tout le monde et, finalement, tout reste quasiment pareil. En fait, le changement d'heure, c'est comme un remaniement chez Macron ! Un heureux paradoxe pour celui qui se surnomme lui-même « le maître des horloges ». Pour l'heure, c'est plutôt le maître du temps... en temps !

Un coup, je suis en place, TIC. Un coup, je n'y suis plus, TAC. TIC-TAC TIC-TAC.

Mais d'abord, chère heure, si ça se trouve, personne ne t'a demandé ton avis à toi, avant de te changer ? Peut-être que tu le prends hyper mal, à la Mélenchon : *(cri)* « Ma personne est sacrée, je suis le temps, moi !… Et de quel droit vous voulez me changer ? Je suis la République, moi ! Qu'est-ce que vous faites dans mon horloge ?!… Oui, je me mets en colère ! Vous ne me faites pas peur !!!… Et TOUCHEZ PAS à mes camarades secondes !!! »

Bref, ce dimanche, à 3 heures du matin, il sera 2 heures. On va reculer d'une heure, ce qui veut dire qu'on va perquisitionner l'heure, la brutaliser pour la mettre là où l'on veut. Enfin, sauf sur notre four, puisqu'on n'arrive jamais à le faire.

L'avantage, pour nous consoler, chère heure, c'est qu'après ton changement on dormira comme des loirs et, du coup, « l'heure est loir »… Oui, c'est une blague géographico-temporelle, pas très marrante, mais très difficile à faire, OK ?!

Mais, chère heure, inlassablement tu passes et nous vieillissons : « Le temps s'en va, le temps s'en va, ma dame ; las ! le temps, non, mais nous nous en allons », écrivait Pierre de Ronsard, qui n'était pas la moitié d'un con. Il s'agit donc de rester digne dans l'effondrement progressif de soi-même, comme le disent de plus en plus souvent mes seins…

Le temps, comme le décrivait Héraclite, c'est avant tout ce fleuve sur les rives duquel nous nous trouvons, tout en étant immergés dans le courant lui-même.

Et c'est en lisant cela que j'ai réalisé d'un coup que les Grecs anciens fumaient du crack.

Et puis, chère heure, permets-moi de te rappeler que, même si, pour certains, le temps, c'est de l'argent, en particulier pour les parcmètres, essaie d'envoyer des montres en Afrique, toi, on verra si ça aide à lutter contre la pauvreté !

Car, attention, chère heure, tu ne signifies pas la même chose pour tout le monde.

Exemple : « Bon, ma chérie, tu as fini de te maquiller ? »

Réponse : « Dans cinq minutes ! »

Ce qui signifie : « J'en ai encore pour trente minutes minimum, et encore seulement si ce eye-liner arrête de faire n'importe quoi ! »

Pareil quand madame dit : « Mamour, tu en as encore pour longtemps aux toilettes ? – Deux minutes ! »

Ce qui signifie : « Je suis en train de lire *L'Équipe*, je ne ressortirai de là que quand j'aurai des fourmis dans les jambes. »

Autre cas de figure :

Toujours madame : « Allô, mamour, tu en as pour longtemps ? »

Quand monsieur répond : « Je bois un verre avec les collègues, je suis là dans trente minutes ! », ça signifie : « Je bois trois-quatre bières, je vérifie si Sabine, la petite de la compta, serait pas un peu open et j'arrive dans deux heures. »

Eh oui, chère heure, tu importes, et chacun aura aussi bien pris conscience qu'un texto « je t'aime » n'aura pas la même valeur à 19 h 20 qu'à 3 h 47 du matin.

Mais on ne va pas en faire toute une pendule, de ton changement, chère heure, car comme disait Léo, le résultat est le même : « Avec le temps, va, tout s'en va… »

Chère heure, si tu n'existais pas, je continuerais bien de t'écrire, mais tu existes, donc par ta faute je suis forcée de m'en aller, moi aussi, pour écrire à d'autres, et sans doute que les mauvais diront : « À la bonne heure ! »

Lettre au… chocolat

Cher chocolat,

Aujourd'hui, je ne vais pas y aller avec le dos de la cuillère de Nutella, car, cent vingt ans après Émile Zola, à mon tour « j'accuse ! ».

Oui, j'accuse ! J'accuse haut et fort, non pas la société de conspirer contre Alfred Dreyfus, mais pire, bien pire : j'accuse le chocolat d'ourdir un complot contre mes cuisses !

Et je ne supporterai pas plus longtemps qu'on s'attaque à mon tanga d'équidé, à mon string de bourrin, bref, vous l'avez compris : à ma culotte de cheval !

Et n'essayez pas de me faire taire, je ne peux plus accepter ça.

Alors oui, je jette un pavé dans la mare de Poulain, car, je vous le dis, en matière de chocolat, tout le monde est à côté de la plaque.

TOI, le chocolat, je vais te dénoncer ! Je sais que ça ne sera pas « Fingers » *in the nose*, mais j'en ai « Mars », tu m'entends ? Je me battrai comme un « Lion », jusqu'au « Twix » final, car nous ne sommes pas dans une république « Banania » et, s'il le faut, je plaiderai ma cause devant le « président Macaron » !

Vous voulez des preuves de cette conspiration mondiale contre mon tour de hanches ?

Très bien ! Le chocolat Milka, pourquoi croyez-vous qu'il s'appelle comme ça ? Parce que chaque plaque, c'est « Milka-lories » !

Et ces adjectifs fourbes qu'on accole aux pâtisseries chocolatées : le « mi-cuit », le « moelleux », le « fondant »... évidemment, si on les avait appelés le « mi-peau d'orange », le « vergétureux » ou la « boule de capitons », cela aurait été peut-être un peu plus honnête !

Car on ne va pas se mentir, c'est bien là le seul souvenir qu'on en garde !

Sans oublier cette histoire ridicule de *(voix suave)* « Non, chéri, je ne vais pas prendre de dessert, mais juste le petit carré de chocolat qu'ils donneront avec ton café... » pour, dix minutes après, commander un café gourmand ! C'EST PAS UNE CONSPIRATION, ÇA, PAR HASARD ?!

Et, à chaque fête religieuse, peu importe laquelle, qui est là ?

Pâques et ses œufs en… chocolat !

Noël et ses truffes au… chocolat !

Hanouccah et sa pièce montée de choux en… chocolat ! Bon, c'est moins connu…

Mais oui, nous sommes envahis par le cacao : il est là, il est partout, dans nos villes, dans nos campagnes, sur Internet…

Et les prêtres et l'omerta qui règne autour de leur surconsommation de « Petits Écoliers » ? Hasard ? Je ne crois pas.

Et, dans cette conspiration mondiale des Illuminati chocolatistes, dont la tête de file n'était autre que cette social-traîtresse d'Annie Cordy, qui dénigrait les fruits et légumes pour étendre toujours plus loin l'emprise du chocolat sur la société, car ne disait-elle pas dans son pamphlet pro-chocolatiste : « Chaud cacao, chaud chaud chaud chocolat, rikiki les petits kiwis » ? Les petits kiwis ? COMME PAR HASARD !

Je vous le dis, les chocolatistes manipulent l'opinion publique ! Aux États-Unis, et c'est véridique, 16 millions d'Américains ne sont-ils pas persuadés que le lait chocolaté provient de vaches marron ?!

En même temps, ils étaient persuadés qu'un mythomane orange ferait un Président… mais quand même !

Et tous ces débats instillés par les chocolatistes pour qu'on parle d'eux : qui de l'œuf de Pâques ou de la poule en chocolat était le premier ? Et le fameux pain au chocolat versus la chocolatine, qui déchire la France depuis tant d'années, plongeant le pays au bord de la guerre civile ? Et le Nutella tue-t-il plus les orangs-outangs ou mon sex-appeal ?

Et le pouvoir aphrodisiaque du chocolat ? Quelle vaste blague ! Pardon, mais, au bout de deux plaques, on a beaucoup plus vite envie de vomir que de faire l'amour !

Et puis, « oh ! un Salon du chocolat, rien que pour toi ! ». Ça va, oui ?!

De quoi briser des couples. Là-bas, il y a des femmes qui défilent avec des robes en chocolat ! On dirait un Kinder Surprise pour adultes. Les filles veulent le chocolat, et les garçons le jouet qu'il y a à l'intérieur !

En plus, un coup de soleil et elles se retrouvent avec leur tailleur qui coule sur leurs hauts talons !

Même si le chocolat, c'est aussi ce goût de l'enfance, le chocolat chaud de mamie, les Chocoletti, les Treets qui fondaient dans la bouche pas dans la main, mais quand même un peu dans les poches, les deux doigts coupe-faim… Et si, maintenant, les deux doigts coupe-faim existent toujours, c'est parce que ce sont ceux que les top-modèles s'introduisent au fond du gosier pour ne pas grossir…

À tel point que l'on pourrait inventer ce slogan : « Bienvenue au Salon du chocolat ! Là où tu cumules crise de nerfs et crise de foie ! »

Bref, cher chocolat, je vois clair dans ton jeu et je ne me laisserai plus rouler dans la farine ni dans la poudre de cacao.

Le cacao, à ne pas confondre avec les déjections élevées. Ce qui m'amène à me poser cette question insoluble : est-il possible de faire du cacao à Cuba ?

Je souhaite déclencher la FIN, et non pas la FAIM, de ton succès.

Tu te prends pour qui ? Mon père ? À faire craquer toutes les femmes, quel que soit leur âge ? Le seul joli message que tu offres, c'est qu'on t'aime quelle que soit ta couleur : blanc, noir ou au lait.

Mais tu es un escroc ! Quand on est petite, on rêve de se faire réveiller tous les jours par un prince charmant et, grande, le seul « Prince » qu'on a au petit déj, c'est un biscuit qui nous fait prendre du cul.

S'il te plaît, chocolat, laisse-moi tranquille ! Face à toi, je n'ai aucune volonté. Au final, celui de nous deux qui fond le plus, c'est moi. Fondre comme synonyme de craquer et pas de maigrir, on l'avait compris.

Bref, cher chocolat, si je suis si révoltée, c'est sans aucun doute parce que je suis en manque, bordel ! De chocolat… d'affection… Enfin, des deux quoi !

Lettre aux… espions

Chers espions,

Je vous envoie ce message secret, car « L'OISEAU RENTRE AU BERCAIL POUR LA NUIT ». Je répète : « L'OISEAU RENTRE AU BERCAIL POUR LA NUIT. »

Pour les non-espions, cela signifie : « Si quelqu'un me lit, que je serai chez moi ce soir. Toujours et encore seule. Bordel de nom de nom, y en a marre, ça ne peut plus durer ! »

Pardon, je m'étends sans doute un peu trop sur le décryptage.

En réalité, nous sommes tous des espions. Il n'y a qu'à voir la série *Le Bureau des légendes*, qui nous plonge au cœur de la DGSE à travers les aventures de Malotru, son personnage star. Or nous sommes tous plus ou moins des malotrus, non ?

Ce qui ne veut pas dire qu'on s'exprime mal, bordel de merde, mais que nous serions tous des sortes d'espions. En effet, on s'invente tous une légende : nous donnons vie en public à un personnage qui n'est pas nous, et c'est d'autant plus vrai lorsqu'on fait un métier public.

Après, il faut savoir que nous, les agents secrets, sommes soumis au quotidien à de terribles pressions ! Moi, par exemple, tous les jours je subis des interrogatoires et contre-interrogatoires extrêmement poussés : « Où étiez-vous ? Avec qui ? Combien de temps ? Quelle est la nature de vos relations avec cet individu ? »

Forcée de répondre : « Mais, maman, purée, j'ai 40 ans ! Je fais ce que je veux en couple, maintenant ! Nom de Dieu… »

Il faut dire que ma mère, c'est la DGSE, la CIA et le FSB à elle toute seule.

Tiens, d'ailleurs, une chose que l'on sait des espions, c'est leur passion pour les sigles : CIA, KGB, FBI, DGSE, NSA… et donc, aussi, leur manque d'humour. En sigles, il y avait aussi : DQQKC ou VCOQP, par exemple ! Beaucoup plus drôles, non ?… Peut-être pas, en effet !

Quoi qu'il en soit, chers espions, vous êtes partout. Moi, là, par exemple, je me sens observée, et ça ne m'étonnerait pas que je sois lue en ce moment même.

Filature, coercition, fouille systématique de tous les documents et fichiers informatiques disponibles… finalement, être un espion, c'est juste devenir une femme jalouse.

Que les choses soient claires, nous ne fouillons pas dans le portable de nos partenaires : nous récoltons, comme vous, chers espions, des informations sensibles en vue de maintenir le fragile équilibre de la terreur dans la guerre froide interconjoints… Rien de plus !

Et sinon, pour reparler du formidable *Bureau des légendes* saison 4, je voudrais saluer la superbe performance d'Artus, qui passe avec beaucoup de brio de son rôle de comique à celui d'espion. Comme quoi, ce n'est pas parce qu'on est humoriste qu'on écrit des lettres drôles toute seule chez soi et qu'on s'appelle Léa qu'on ne peut pas aussi jouer des rôles tragiques au cinéma, car « LA DIVA EST OPEN À TOUT TYPE DE CASTING ». Je répète : « LA DIVA EST OPEN À TOUT TYPE DE CASTING »…

Pour en revenir à Artus, il prouve qu'il a un talent très protéiforme, puisqu'il a brillé dans « Danse avec les stars » et que, dans cette saison du *Bureau des légendes*, qui se passe en ex-URSS, il danse avec les Tsars ! Oh, que c'est drôle… *(Je ris, là.)* Mais c'est un peu triste aussi *(je suis en train de pleurer avec beaucoup d'émotion)*, car « LA DIVA EST OPEN À TOUT TYPE DE CASTING ». Je répète : « LA DIVA EST OPEN À TOUT TYPE DE CASTING »…

Au final, je l'avoue, j'ai adoré *Le Bureau des légendes*. Néanmoins il y a quand même un petit quelque chose que j'aurais changé, ce sont les pseudos des agents : Malotru, Rocambole, Moule à gaufres, pardon, mais c'est un peu vieillot, toutes ces insultes du capitaine Haddock.

Moi, j'aurais fait plus jeune et je les aurais appelés : Gros Boloss, Miskina et Grave le seum, ce qui aurait aisément fait passer les messages destinés à ces agents pour des textos de mon neveu de 12 ans !

Et puis, chers espions, comment parler de notre profession sans évoquer le plus connu d'entre nous, le fameux James Bond ? Le plus célèbre agent secret qui est tellement secret que même les titres de ses films sont cryptés ! Vous ne le saviez pas ?

Pourtant, pour un esprit entraîné comme le mien, c'est évident. Par exemple, le film centré sur le terrible scandale du mascara : *Rien que pour vos yeux*. Ou celui sur le fait que les types armés ont tendance à faire la sieste : *L'Homme au pistolet d'or* (chut !). Ou encore l'épisode centré sur la cinquième candidature de Bouteflika à la présidence de l'Algérie, sobrement intitulé : *Spectre* !

Enfin, comment ne pas évoquer l'opus de James Bond qui interroge les ravages du cassoulet sur les intestins : *Opération Tonnerre* ?!

Voilà, c'était une lettre aux espions par Lando, Léa Lando. Et elle s'autodétruira dans cinq secondes…

J'aurais bien continué à écrire, malheureusement : « GROS BOLOSS EST COINCÉ À LA NICHE AVEC MISKINA. » Je répète : « GROS BOLOSS EST COINCÉ À LA NICHE AVEC MISKINA ! »

Lettre à… ma maire

Ma chère maire,

Chère Anne Hidalgo, donc, je tenais absolument à vous envoyer cette missive, que j'ai eu le temps d'écrire et de relire et d'imprimer dans les embouteillages pour aller au boulot !

Je reconnais, chère maire, que vous avez fait beaucoup pour « Paris… Ville lumière ». Tu m'étonnes que ça brille : ce sont les phares des bagnoles coincées dans les embouteillages !

« Ne roule pas sur les berges », « Ne passe pas par ici… Ne passe pas par là », en fait, Anne Hidalgo, c'est ma maire, M.A.I.R.E, mais elle se prend aussi pour ma mère – ma maman, quoi. Elle décide de ce que j'ai le droit de faire ou pas ! Sauf que j'ai plus 5 ans ! Depuis au moins treize ans... Oui, je suis aussi nulle en calcul mental qu'Anne Hidalgo en urbanisme !

Enfin, je suis nulle en calcul, mais capable de compter le nombre d'heures que je passe dans les embouteillages.

Non vraiment, Paris, c'est devenu n'importe quoi : je l'explique pour les gens sympas, ouverts d'esprit et détendus... c'est-à-dire les provinciaux.

Alors, certes, il n'est pas rare que les Marseillais conseillent aux Parisiens d'aller niquer leur maire. Eh bien, sachez, amis fans de l'OM, qu'à Paris c'est l'inverse qui se produit et que c'est vraiment notre maire qui nous nique !

Cela dit, chère maire, chère Anne Hidalgo, grâce à vous, on peut faire son jogging sur les voies sur berges... et ainsi profiter d'avoir les alvéoles des poumons bien ouvertes pour emmagasiner cet air si... si rempli de particules fines lâchées par les voitures en plein bouchon qu'on dépasse, parfois juste en marchant... en leur faisant coucou comme ça *(coucou)* et eux, en personnes civilisées, nous répondent en faisant coucou comme ça *(doigt d'honneur)* !

Les particules fines à ne pas confondre, évidemment, avec les particules pas fines du tout, mais tout aussi dérangeantes, produites notamment par les chiens ou les pigeons...

Alors, petite astuce urbaine : pour esquiver les déjections de pigeons quand vous courez, pensez à le faire avec François Hollande, qui va toutes les attirer sur lui !

Je plaisante, évidemment : on sait tous que François Hollande est incapable de courir !

D'ailleurs, on a beaucoup parlé des quatre jours de repos pris par Emmanuel Macron au début de mandat, mais il faut se souvenir que Hollande avait été plus malin. Il avait fait l'inverse : il avait bossé quatre jours en tout début de mandat, puis, derrière, avait pris cinq années de repos !

Alors oui, je sais, je pourrais prendre les transports en commun, sauf qu'avec le réchauffement climatique, eh bien, on est en novembre et il fait chaud ; et moi, être collée et transpirer avec cinquante mecs que je ne connais pas, j'appelle pas ça « prendre le métro », j'appelle ça « une partouze » !

Je comprends bien qu'il faille faire des efforts pour l'environnement, mais je suis déjà végétarienne ! Je ne mange pas de viande, alors si, en plus, je prends le métro, je vais avoir trop faim

ET trop chaud ! Je propose qu'on fasse : à chacun sa contribution.

Par exemple, on laisse les végétariens rouler toute la semaine, et les non-végétariens juste le week-end.

Et comme on n'est pas à ça près, à la mairie de Paris : grande nouveauté, la municipalité a pris sept mesures pour limiter le *free floating*.

Alors moi, quand j'entends « *free floating* », je me dis : « Wouaaah ! Ça doit être des mecs athlétiques qui se jettent du haut des immeubles et qui planent en toute liberté dans la ville pour respirer l'air… à moitié pur » ; et, en fait, non : « C'est juste des mecs de la cinquantaine en trottinettes électriques ! »

En gros, chère Anne Hidalgo, vous avez légiféré pour empêcher les darons de plus de 40 ans en costard d'avoir l'air cons. Et au moins pour ça… merci !

Non, mais c'est vrai ! Des trottinettes électriques ! Et après, c'est quoi, le prochain truc ? Des rollers solaires, des ballons sauteurs à gaz ? Pas à essence, ça, c'est sûr, parce que le prix de l'essence aujourd'hui flirte avec celui du sang de licorne vierge !

Avec le prix de l'essence, maintenant, c'est simple, tu bosses la première demi-journée pour payer de quoi venir au boulot... et, le reste de la journée, c'est pour pouvoir repartir ! Sachant que t'étais partie trois heures à l'avance pour être sûre d'être à l'heure, à cause des bouchons, je ne vous cache pas que ça fait un peu douter quant à la rentabilité de travailler !

Néanmoins, je dois admettre, ma chère maire, chère Anne Hidalgo, que vous faites beaucoup pour les espèces en voie de disparition ! La preuve, vous employez des gens du PS : oui, il y en a quelques-uns qui subsistent, alors merci d'avoir ouvert une réserve et de leur donner les moyens de survivre !

Bref, globalement, Anne Hidalgo, vous ne nous faites pas beaucoup de cadeaux, et pourtant, avec vous, c'est tous les jours Noël, ma maire !

Voilà, je vais arrêter ma lettre ici, étant donné que j'ai un rendez-vous demain à 17 heures, de l'autre côté de Paris, donc il faut que je me mette en route dès maintenant, si je veux avoir une chance d'arriver à l'heure !

Lettre à… la drague

Chère drague,

Je sais que tu viens du mot « draguer », qui signifie initialement « sonder le fond des rivières ». Et, a priori, j'ai bien appliqué la leçon puisque, côté sentimental, on peut dire que j'ai vraiment touché le fond ! Et je peux assurer qu'il n'y a rien à en tirer.

Donc, je t'écris cette lettre, car je ne te comprends plus… Tes codes ont totalement changé : j'ai bien essayé quelques applis de rencontres, mais j'ai été huit fois victime de la fameuse arnaque à la photo de profil !

Le principe est simple : tu as rendez-vous avec un BG (« Beau Gosse ») et tu te retrouves à parler avec un STTQEET (« Sauve-Toi Tant Qu'il Est Encore Temps ») !

Certains m'ont même mis le doute ! Je me suis dit : « Donc, c'est possible de porter un filtre déformant Snapchat sur son visage, dans la vraie vie ?! »

Chère drague, où est cette époque où mes amis m'appelaient en me disant : « Léa, ne reste pas seule chez toi, viens à la maison ! On se commandera une pizza et je te présenterai Thierry. Tu verras, il est super ! »

Aujourd'hui, vous savez ce qu'ils me disent, mes amis ? « Léa, tu nous saoules ! Mets-toi sur Tinder comme tout le monde ! »...

Tinder ? Alors, pour ceux qui ne connaissent pas, cela signifie que je reste chez moi, je me prépare ma pizza et je commande Thierry !

Il paraît que l'avantage, avec Tinder, c'est que t'es toujours en couple. J'ai une amie qui pratique et qui m'a assuré avoir été en couple mardi de 22 heures à 23 h 10, jeudi dernier, pendant trente-cinq minutes – mais intenses.

En revanche, quand le couple dure vingt minutes et que son partenaire parle plus de dix, elle dit qu'il s'agit là d'un très mauvais ratio.

Elle m'a même balancé : « Mais enfin, Léa, si j'ai envie de parler, je me fais pas un Tinder, je me fais un BlaBlaCar... au moins, tu voyages !

Là, le gars m'a saoulée sur place ! Il m'a fait un BlaBlaCul ! »

Bref, j'ai tout essayé : AdopteUnBoulet.com, Tinder pas bueno, j'ai même essayé le site des célibataires exigeants et j'ai compris que, s'ils étaient célibataires, c'est justement parce qu'ils étaient exigeants.

Du coup, pas le choix : il faut réduire ses attentes. Par exemple, avant, je voulais trouver une personne intelligente, cultivée et attentionnée, et maintenant je veux trouver une personne… tout court. Juste quelqu'un qui soit d'accord, en fait !

Et une personne vivante, tant qu'à faire… Je précise parce que, parfois, j'ai vraiment eu des doutes !

Bref, chère drague, tu l'auras compris, je ne suis pas la reine de la drague et, pourtant, j'ai le succès d'une drag-queen !

Le problème, chère drague, c'est que je n'aime pas tes préliminaires. Tu sais, ces moments où tu dois paraître sous ton meilleur jour et où, finalement, tu mens sur qui tu es vraiment, ce qui à terme déçoit immanquablement le partenaire.

Voilà pourquoi, à présent, je dis la vérité dès le premier rendez-vous : « Enchantée, Léa, 40 ans, je suis très névrosée, mais je ne suis pas allergique au gluten : c'est juste que, quand j'en mange, j'ai énormément de gaz !… Et toi, c'est comment ? »

Et passons, chère drague, sur ta version urbaine : la fameuse drague de rue. Alors, déjà, à quel moment hurler « HEY, LA MISS, T'ES BONNE, T'AS UV !!! » a-t-il pu être considéré comme de la drague ? Et surtout… à quel moment ça a marché ?!

Quelle fille, quel jour, sur quelle planète, a dit : « Ah bon, tu trouves que je suis bonne ? Ben écoute, je suis hyper flattée ! Allons boire un verre, toi, moi et tes six amis en jogging… » ?

On est quand même loin de l'amour courtois, quand il s'agissait de laisser négligemment tomber son mouchoir, afin qu'un preux jouvenceau le ramasse et vous le tende délicatement ! Aujourd'hui, si quelqu'un te tend un mouchoir, c'est qu'il veut te refiler sa gastro. Rien de plus.

Et, chère drague, comment ne pas évoquer la drague cathodique qu'on peut découvrir dans « L'amour est dans le pré », où les hommes ont une idée fixe pour séduire leurs belles : les emmener faire un tour en tracteur ! Et c'est vrai qu'on n'y pense pas assez… Se peler les ovaires dans des vapeurs de gasoil au milieu d'un champ de patates : quelle bonne idée !

Chère drague, j'ai pourtant essayé de nombreuses versions de toi pour séduire. Par exemple, en soirée, j'ai essayé d'ignorer complètement l'objet de ma convoitise : ignorer et ne pas regarder, ne pas parler avec la personne qu'on veut séduire afin qu'elle s'intéresse à vous. Et ça marche : vu comme y a personne qui me regarde ou qui me parle en soirée, je dois vraiment intéresser pas mal de monde !

J'avoue, chère drague : j'ai essayé les sextos, mais il y a vraiment une forme de gêne qui s'installe, parce que bon, déjà, pour faire une photo un peu dénudée que j'ose envoyer, il me faut environ six heures d'essais de maquillage, de coiffure, de sous-vêtements, de changement d'axes et d'angles… Bref, je prends environ trois mille photos que je trouve toutes horribles. Et quand finalement il y en a une qui me paraît presque correcte, et sur laquelle je ne pleure pas, je réponds avec six heures de retard ! Mais la vraie gêne, c'est quand je l'envoie, accompagnée de « J'ai très envie de toi » à mon… papy ! Ah oui, l'erreur de destinataire, là, elle fait très mal…

Surtout qu'il me répond : « Attention de pas prendre de rhume. Bisous. » Grand moment de solitude !

Dernière chose, chère drague, que j'ai essayée de faire, c'est d'intégrer un club de personnes avec qui on partage les mêmes goûts et les mêmes envies… La dernière balade était hyper sympa ! C'était hier, sur l'autoroute, et c'était chouette parce que, pour se reconnaître, on avait tous mis des gilets jaunes.

Bah, au moins, ça met tout le monde à égalité : on avait tous l'air cons et aussi très énervés.

Alors, chère drague, je finirai par cette question en suspens : à quoi faut-il carburer pour se faire délicatement draguer ?

Lettre à… mes 40 ans

Mes chers 40 ans,

Je vous écris cette lettre alors que nous n'allons pas tarder à nous rencontrer ! Et je ne vous cache pas que faire votre connaissance ne m'enchante pas particulièrement… Attention, rien de déprimant ni de triste, simplement grâce à vous je prends conscience que la vie est une impasse, à sens unique, et que je me rapproche irrémédiablement du crash final. Mais sinon, ça va super : youhou !

Voilà, chers 40 ans, ou quarante printemps, comme dirait ma grand-mère pour faire croire que je suis encore en pleine éclosion. Tu parles ! Faut vraiment arrêter de compter l'âge des gens en printemps !

D'ailleurs, quand je vois les amies de ma mère, je me dis qu'à partir de 60 faudrait compter en automne. Puisque tout tombe !

Quant à ceux qui comptent l'âge des gens en balais… quand tu les regardes bien, tu sais où ils les ont mis, les leurs !

Bref ! Mes chers 40 ans, je vais vous avoir et j'ai beau changer l'unité de mesure, 40 ans, 40 berges ou 40 piges, la réalité reste la même : je ne suis plus toute fraîche.

Mais je ne suis pas vieille non plus, je le sais. J'entre dans l'ère de l'entre-deux. C'est-à-dire que, pour les jeunes, je serai déjà trop vieille et, pour les vieux, encore trop jeune. En fait, je vais avoir l'âge où je ne serai plus considérée par personne.

Déjà que j'avais du mal à rencontrer quelqu'un, mais alors, là, je me dirige tout droit vers la catégorie « Mature », voire « Cougar »… Je comprends maintenant pourquoi on parle de « mise en quarantaine », parce qu'à 40 ans tu es isolée des jeunes comme des vieux.

En fait, à la quarantaine, on entre dans une zone ni noire ni blanche, mais grise. Oui, la quarantaine, c'est un peu ça : c'est gris, c'est ni oui ni non… C'est plutôt l'ère du « OUI… MAIS… ».

OUI, tu peux faire la fête jusqu'à 4 heures du mat, MAIS t'as des cernes jusqu'au menton le lendemain. Si t'arrives à te lever !

OUI, tu peux enfiler tes chaussettes seule, MAIS t'as l'impression que tes pieds sont de plus en plus bas.

OUI, tu peux encore faire de la course à pied, MAIS tu te rends compte que, le golf, c'est pas mal aussi.

Parce qu'il faut bien reconnaître qu'à 40 ans ton corps t'envoie de subtils messages, du type « JE T'EN SUPPLIE, ARRÊTE » avant même d'avoir enfilé tes baskets pour aller courir, ou encore « JE T'EN SUPPLIE, VA DORMIR », alors qu'il est tout juste 23 heures !

Ce qui me donne irrémédiablement envie de hurler à mon corps : « JE T'EN SUPPLIE, TIENS LE COUP, BORDEL ! »

Et puis, mes chers 40 ans, même si je ne souhaite absolument pas en prendre conscience, il faut bien reconnaître que si, pour les hommes, tous les chemins mènent à Rome, pour les femmes, tous les chemins « ménopause »...

On dit que de nos jours il n'y a plus de règles, mais ça ne devient une réalité qu'à la ménopause. Voilà !

Jusqu'alors tu faisais congeler le reste de tes bons petits plats pas terminés, ou le pain de la veille… Maintenant, si t'écoutes les autres, tu dois aussi congeler tes ovocytes !

Et il paraît qu'il faut que j'y pense sérieusement. Il ne faut pas le faire trop tard ! Véronique Courjault, par exemple, pour ceux qui s'en souviennent, l'a fait beaucoup trop tard !

Et puis, chère quarantaine, comment t'évoquer sans parler de ta fameuse crise ? Celle qui, pour les hommes, consiste à tout remettre en question, à s'interroger quant à la réelle finalité de l'existence, à leur accomplissement personnel et professionnel, et à la question du sens… pour finalement coucher avec une fille de 27 ans.

Eh oui, forcément, à 40 ans, on fait un premier bilan, on compare sa vie avec celle qu'on espérait avoir : bon, ben pour moi, « princesse », c'est mort, quoi !!!

Sans oublier qu'avoir 40 ans aujourd'hui, c'est avoir vibré devant « Princesse Sarah », avoir flippé d'oublier de nourrir son Tamagotchi, avoir échangé des pin's, avoir eu si peur du bug de l'an 2000 et s'être concentré pour appuyer sur REC au moment où ta chanson préférée passait à la radio…

Ha, ha, ha ! VENGEANCE : là, les jeunes, ils n'ont RIEN compris à ce que j'ai écrit !!… VHS ! PAL/SECAM ! Développer des photos !… Ha, ha ! Vous ne savez pas du tout de quoi je parle, hein ? Bande de nazes !!

Eh ben, moi, c'est pareil, mais dans l'autre sens. La technologie me rappelle sans arrêt mon âge : j'ai la flemme d'acheter un nouvel ordinateur, parce que j'ai peur de rien comprendre à comment ça marche. Je fais semblant que Snapchat n'existe pas, parce que je ne veux pas m'avouer que je n'y comprends absolument rien. Sans parler du site SNCF, qui a beau s'appeler à présent « OUI », moi je dis « NON » ! Ce site te demande ta date de naissance sur ton téléphone et t'oblige à faire glisser ton doigt pendant hyper longtemps pour trouver ta date de naissance… Je suis trop vieille pour ça !

Et puis, la quarantaine, c'est se rendre compte que le temps file, voir pour la première fois poindre la retraite et en ressentir la pression. En fait, avoir 40 ans, c'est vivre en permanence dans « Fort Boyard » : moi, j'ai l'impression qu'Olivier Minne ne cesse de me souffler dans l'oreille : « La clepsydre… la clepsydre… Sors ! Sors ! »

Et toi, t'es là à essayer de ramasser un maximum de boyards avant la fin et de pas te faire bouffer par les tigres – enfin, moi, j'appelle ça les « pervers manipulateurs » – qui se dressent sur ton chemin… Bref, il ne me manque plus qu'un nain et on y est.

Bon, allez, je vous laisse… Je pars faire la fête, boire et danser jusqu'au bout de la nuit.

Bah non, je déconne : je vais avoir 40 ans, donc je vais boire une tisane et aller me coucher en espérant être en forme demain ! Bonne nuit.

Lettre à… la piscine

Chère piscine,

Oui, je sais, ça fait un moment que tu n'as pas vu mes formes généreuses moulées dans mon bikini, et c'est justement parce qu'elles sont bien plus généreuses qu'avant ! D'ailleurs, à ce stade, on ne dit plus « moulées », mais « débordées ».

Car, oui, chère piscine, quand on vient chez toi, on ne peut pas tricher sur sa plastique. On ne peut cacher une culotte de cheval avec une jupe-trapèze, ou un vilain bourrelet avec une chemise.

À la piscine s'applique la loi des trois maillots : 1) acheter un maillot ; 2) se faire épiler le maillot ; 3) ne pas manger de mayo !

Et si vous contrevenez à l'une de ces sacro-saintes règles, vous êtes… LE MAILLOT FAIBLE ! Au revoir.

Toutefois, chère piscine, j'ai décidé de t'écrire cette lettre, car le succès du film *Le Grand Bain* m'a fait penser à toi. Mais, contrairement aux héros du film, tu m'évoques avant tout la crispation : je me rappelle, en effet, des heures que j'ai passées en ton sein à me retenir désespérément d'uriner, tant j'avais peur de me retrouver à brasser au milieu d'un nuage rouge qui aurait crié ma culpabilité !

Car il existe une légende urbaine qui dit que si l'on fait pipi dans une piscine, un colorant spécial teinte l'urine en rouge... Au même titre qu'il y a des crocodiles dans les égouts, des seringues abandonnées dans les cinémas ou que gentil n'a qu'un œil. Ce que l'on peut difficilement croire lorsque l'on connaît Jean-Marie Le Pen.

Et pour autant, depuis cette légende, chère piscine, plus personne n'urine nonchalamment dans une piscine. NON !

Maintenant, les gens urinent par à-coups. Le premier, pour vérifier : Pssss. Et les autres, au cas où... Psss, psss, psss. En prenant bien soin de nager en même temps pour éparpiller le tout, parce qu'on ne sait jamais !

Et, en général, ce sont les mêmes qui te disent : « Dis, tu devrais venir la goûter, elle est délicieuse... Enfin, elle est meilleure qu'il y a cinq minutes ! »

Car, oui, l'eau ne se transforme pas en un nuage rouge. Simplement, c'est chaud et très agréable.

Du moins c'est ce qu'on m'a dit ! Car, de ce que j'en sais, il y a bien des produits chimiques dans la piscine, mais uniquement pour l'entretien : voilà qui devrait CHLORE le débat !

D'ailleurs, en parlant de produit chimique, aller à la piscine, c'est aussi affronter le pédiluve ! Vous le voyez, le pédiluve ? Ce petit bassin où tous les gens trempent leurs pieds avant d'aller se baigner... L'eau y est encore plus chaude. Pour les enfants, c'est carrément un Jacuzzi.

Ça a beau être un passage obligatoire, on essaie toujours désespérément de le contourner : on marche sur les rebords, on saute, on se contorsionne pour ne pas poser un orteil dedans. À tel point qu'on dirait une épreuve de « Koh-Lanta » ! Sauf qu'il n'y a malheureusement pas de collier d'immunité contre les champignons.

Et, chaque fois que le maître-nageur siffle parce que je suis en grand écart au-dessus de ce bouillon de culture de pieds sales, j'ai toujours l'impression qu'il va dire : « Léa, le conseil réuni a tranché et la sentence est irrévocable : vous partez... avec six verrues ! »

Et puis, chère piscine, je sais que tu n'en es pas responsable, mais je n'en peux plus de tous ces gens qui te demandent, avant de sauter, si t'as pied... Je n'ai jamais compris, parce que ça dépend évidemment de la taille de chacun ! Imaginez si vous avez une personne de petite taille pour amie et qu'elle vous demande si vous avez pied. Vous dites oui, elle saute et, là, elle se noie !

Et que dire, chère piscine, sans transition aucune, de tes anges gardiens, tes fameux maîtres-nageurs, tellement occupés à arpenter les bords de la piscine qu'on devrait les appeler des « maîtres-marcheurs » ?

Personnellement, je ne les ai jamais vus nager, moi, ces maîtres-nageurs. Dont je rappelle que l'uniforme de boulot consiste donc à se déguiser en Patrick Chirac dans *Camping* ou en Popeye dans *Les Bronzés*. Comment prendre au sérieux quelqu'un qui passe sa journée en claquettes-marcel et moule-kiki ? Comment se dire : « Ah ça va, je suis rassurée, au moins, si je me noie, cet homme assis sur sa chaise de juge-arbitre à Roland-Garros va me sauver » ?

Maître-nageur, c'est quand même le seul métier où tu te déshabilles pour aller bosser.

Enfin, acteur de films X, aussi. Sauf que tu ne tends pas la même perche !

Mais, chère piscine, tu es aussi ce lieu où toutes les distinctions sociales s'effacent devant l'impérieuse nécessité de porter un bonnet de bain. Que l'on soit riche ou pauvre, et quel que soit le couloir que l'on choisit, celui de droite ou de gauche, on a tous l'air débiles.

La dernière fois que je suis allée nager, figurez-vous que tous les couloirs de nage étaient bloqués par des bonnets jaunes ! Apparemment, ils réclamaient une diminution de la taxe sur le chlore. Je n'ai pas bien compris leurs revendications, mais, en gros, ils disaient avec beaucoup d'eau dans la bouche : « Macron démission ! »

C'est là que je me suis rendu compte que ce n'est pas facile de crier des slogans en nageant le dos crawlé !

En tout cas, que tu sois municipale ou olympique, chère piscine, tu mènes à tout. Par exemple, Roxana Maranaci… Marinaraci… Manaracinéananuou… bref, la ministre des Sports : c'est une ancienne nageuse ! Et c'est particulièrement pertinent d'avoir choisi une excellente nageuse quand on voit à quel point La République en marche coule à pic en ce moment ! Avec un peu de chance, elle pourra sauver un ou deux ministres… Qui sait ?

Bref, j'aurais bien continué à t'écrire, mais je peux pas : j'ai piscine !

Lettre à… la fidélité

Chère fidélité,

Je t'écris, car je crains que, comme Myspace, les claquettes-chaussettes ou les intolérants au gluten, tu ne sois devenue has been !

En effet, chère fidélité, tu es comme la vérité pour un Balkany : tu existes en de nombreuses versions. On peut être fidèle à des idées, fidèle en amitié comme en amour, on peut avoir une mémoire fidèle, mais, pour autant, j'ai l'impression, chère fidélité, que tu pars à vau-l'eau ! « Partir à vau-l'eau » qui est d'ailleurs, elle-même, une expression à laquelle nous n'avons plus vraiment envie d'être fidèles.

Chère fidélité, t'es devenue n'importe quoi. Et pour mieux te comprendre, prenons une personnalité entièrement fictive, que nous appellerons d'un prénom lambda... disons « François », comme un récent président de la République, et d'un nom de famille complètement pris au hasard... disons « Wauquiez ».

Eh bien, « François Wauquiez » – qui je le rappelle est, à l'instar de l'emploi de Penelope Fillon, ENTIÈREMENT FICTIF – eh bien, François Wauquiez, il serait comme Macron : à la fois de droite et de gauche, c'est-à-dire fidèle à aucune idée. Ou, en tout cas, il n'aurait pas été fidèle aux espoirs des Français. Il aurait trompé son ex en jurant s'être protégé... mais avec un casque de scooter : il n'aurait donc pas été fidèle en amour. Il nierait avoir porté un gilet jaune, alors que des photos prouvent l'inverse : il n'aurait donc pas une mémoire fidèle. Et enfin, il jurerait que sa meilleure amie, c'est sœur Emmanuelle, alors qu'il ne l'a jamais rencontrée : il ne serait donc pas non plus fidèle à sa parole !

Heureusement pour toi, chère fidélité, que cet individu n'existe absolument pas !

Autre exemple : en général, pour faire une reprise, il faut être fidèle à l'original. Or les reprises de volée d'Olivier Giroud ne sont la plupart du temps absolument pas fidèles au football original, qui consiste à cadrer ses frappes.

On pourrait, par ailleurs, dire qu'au bout de plusieurs semaines à poursuivre leur action les « gilets jaunes » sont fidèles à leurs idées révolutionnaires, mais j'irai quant à moi plus loin en affirmant qu'ils ont une idéologie de Fidel Castro : ils sont « fidèles », mais y « cassent trop » !… Ah, si, ils cassent trop ! Notamment des vitrines, des voitures ou encore des coups… Si, si ! Moi qui voulais emmener un *date* prendre un verre sur les Champs-Élysées samedi dernier, je peux vous dire qu'ils m'ont bien cassé mon coup !

Cela dit, à Macron aussi, ils lui cassent les cou… enfin, les bonbons…

Moi, je pense, chère fidélité, que, contrairement à ce qu'on pourrait penser, tu n'existes pas moins qu'avant. C'est simplement que tu es mise à mal, tu es attaquée de toutes parts.

Comment être fidèle en amour, quand Tinder vous tend ses petits bras tentateurs ? Rappelons à ce sujet qu'être fidèle, c'est aimer quelqu'un pour toujours. Être infidèle, c'est faire croire à quelqu'un qu'on va l'aimer pour toujours. Et on n'en connaît plus des comme ça.

Comment aussi être fidèle en amitié quand, au moment du mariage pour tous, des amis de CM2 postent sur Facebook : « Le mariage pour tous, et pourquoi pas pour les chiens ? »

Au passage, un chien dit « fidèle », c'est un chien qui remue la queue quand tu rentres à la maison. Un mari qui se dit « fidèle » la remue surtout quand tu n'es pas à la maison…

Enfin pire, comment être fidèle en amitié quand des supposés amis de vingt ans nous culpabilisent et nous stigmatisent tous les dimanches avec leurs posts Facebook : « J'ai couru 12 km avec Runtastic », alors que, nous, on n'a pas fait un sprint depuis ce satané bus raté en 2007 ? Salauds, traîtres, je vous hais !

Il convient toutefois de rester positif, de penser qu'il n'y a pas que du mauvais là-dedans. En effet, ce n'est pas grave d'être de moins en moins fidèle, puisqu'on va tous crever dans dix ans à cause du réchauffement climatique ! Vous voyez, je sais trouver les bonnes nouvelles où qu'elles soient…

Bref, chère fidélité, on pourrait vraiment douter de ton existence ! Même dans les magasins où nous faisons nos courses de la semaine, puisque la dame de la caisse nous demande systématiquement, d'un air accusateur : « Vous avez une carte de fidélité ? »

Eh non. Non, on ne l'a pas. Car, comme d'habitude, on se dit : « Ah merde, ma carte de fidélité… », ce qui nous amène d'ailleurs à penser : « Eh merde, j'ai pas pris mon sac non plus… »

Ce qui pourra donner à la caissière l'opportunité de prononcer sa phrase fétiche : « Si vous voulez un sac, c'est 10 centimes ! » OUI, JE SAIS que c'est 10 centimes le sac, vu que ça fait deux ans que j'oublie le mien. Et que j'ai 189 sacs roulés en boule sous mon évier, là où le sac originel, le premier que j'ai acheté, déborde des autres sacs !

En réalité, je vous le dis, j'ai pas de carte de fidélité, mais on me les donne, à moi, les sacs, et vous savez pourquoi ? Parce que j'ai une chance de cocue !

Ah, là, là, chère fidélité, on ne sait plus par quel bout te prendre… Et je vais te dire : j'aurais bien continué cette lettre, mais, fidèle à moi-même, je n'ai pas de chute.

Car on dira ce qu'on voudra, mais moi, au moins, je reste fidèle à mes conneries !

Lettre au… Père Noël

Cher Père Noël,

Je ne t'écris pas cette lettre pour te demander des cadeaux, car ça fait longtemps que je ne crois plus en toi… Et heureusement ! Car je te rappelle que tous les types qui essaient d'entrer dans une cheminée alors qu'ils n'y sont pas invités se prennent un #BalanceTonPorc en un coup de Tweet !

Alors, si tu pouvais sonner avant d'entrer, ce serait plus appréciable. Je rappelle que la chanson de Noël, c'est « Jingle Bells Jingle Bells » et pas « Jingle Boules Jingle Boules » !

Bref, je voulais juste savoir comment tu allais, en fait. Comme c'est un peu chaud, ces derniers temps, j'imagine que toi aussi tu as dû faire face à une révolte de tes lutins : les « bonnets jaunes » ! Qui ont dû exiger une revalorisation de leurs salaires en florins magiques. Te connaissant, tu as dû leur proposer une prime à la casse sur les traîneaux écoresponsables, alors qu'eux n'ont pas les moyens de s'acheter un traîneau neuf !

Et puis, au final, cher Père Noël, par générosité, tu as dû leur filer 100 balles et un Mars pour qu'ils se remettent à bosser. Malin ! Comme ça, on oublie les conditions de travail de ces pauvres lutins, pour être sûr de célébrer la grande orgie de consommation de fin d'année !

Plus sérieusement, on est des adultes, maintenant. C'est bon ! Arrêtons de dire que les « lutins » du Père Noël fabriquent les jouets ! On sait très bien que ces petites choses fragiles qui bossent à la chaîne ne sont pas des lutins, mais des enfants chinois... Oui, je dénonce. Chacun son tour. Après le #BalanceTonPorc de 2017, comme ça, tu pourras créer ton #BalanceTaDindedeNoël2019.

Cher Père Noël, beaucoup affirment que tu es comme le diabète : une invention de Coca-Cola ! C'est faux, car tu es bien plus vieux... Ça fait deux siècles au moins qu'on choisit des cadeaux, qu'on les commande, que tu les livres et souvent, très souvent même, on est déçus. L'année dernière, j'avais demandé un pyjama pilou pilou. J'ai eu que le haut et les chaussons. Il manquait le pantalon. Résultat, ça m'a fait « pilou pilou » en haut, « pilou pilou » en bas et « poilu poilu » au milieu.

Bref, pour moi, tu es comme l'homme idéal : on a très envie d'y croire, mais, vers 7-8 ans déjà, on comprend que c'est pas vraiment ça.

D'ailleurs, l'homme idéal est à l'image de tes cadeaux : après avoir été emballé par une autre, on le déballe parce qu'on le trouve beau, grand et excitant, pour finalement découvrir un micro-cadeau qui n'est pas vraiment ce à quoi on s'attendait.

Ça va de déception en déception.

Quand je pense que beaucoup de petits se battent encore pour prendre une photo avec toi, qui es si vieux… Sauf que toi, tu ressuscites chaque année. Avec toujours cette horrible tenue rouge que tu ne changes jamais et cette affreuse barbe blanche que tu ne rases jamais.

Pardon, Père Noël, mais, là, tu ressembles à un hipster pauvre.

Fais gaffe : un vieux bonhomme barbu et rigolard habillé tout en rouge, on pourrait croire que le Père Noël, c'est un mélange du père Fouras et d'Anne Roumanoff ! Au passage, j'embrasse

Anne, ma Mère Noël à moi, qui m'a fait le plus beau des cadeaux : être à ses côtés à la radio.

Non, je ne crois plus en toi, Père Noël. Et pour dire toute la vérité, je suis sans doute comme toutes ces femmes qui, depuis *Cinquante nuances de Grey*, rêvent plus du Père Fouettard que du Père Noël…

Par ailleurs, je dois bien dire que la fête de Noël, en elle-même, j'en suis revenue. D'abord à cause de la tata un peu bourrée qui dit n'importe quoi en criant trop fort dès 17 heures et dont j'ai découvert l'année dernière qu'en fait c'était moi !

Eh oui ! Je vous rappelle que je suis végétarienne. Donc, pour moi, le menu de Noël composé de Saint-Jacques flambées au whisky, suivies d'un coq au vin et une bûche au rhum, ça devient du whisky au vin avec du rhum… Donc forcément…

Sans compter que, pour les végétariens, la bûche de Noël, ben, c'est vraiment une bûche : un bout de bois avec du glaçage dessus.

D'autre part, bon, les fêtes de famille, quand on a 40 ans, qu'on est célibataire et sans enfant, bof. Parce que, autant la veille de la Saint-Valentin, tu peux te dégotter un partenaire pour le lendemain sur Tinder, autant la veille de Noël, essayer de te trouver deux-trois enfants sur un site Internet… ça peut vite te mener en prison !

Bref, cher Père Noël, cette année je ne te demande rien. Mais si vraiment tu insistes, je veux juste être mieux payée, avoir un plus grand appart, rencontrer l'amour, avoir au moins un enfant, être en bonne santé, que les animaux et la nature soient respectés par tous, payer moins d'impôts, que la paix règne dans le monde et que toute ma famille soit à l'abri.

Euh, comme tout le monde, en fait !

Allez, fais pas ton crevard, pour une fois !

Merci par avance, Père Noël.

Lettre aux… bonnes résolutions

Chères bonnes résolutions,

Je vous écris pour vous remercier de ce bonheur que vous nous faites, chaque fin d'année, en nous laissant croire que l'on va se laver de tous nos péchés et prendre un nouveau départ au matin du 1er janvier…

C'est tellement… faux !

Et chaque année, on se fait avoir ! Pourtant, on sait, à force, qu'une bonne résolution, c'est exactement comme un lendemain de cuite : quand on a le crâne pris dans un étau et le cerveau qui essaie de sortir par les yeux, et qu'on se jure que, cette fois, c'est fini… qu'on ne boira plus jamais… Pour, une semaine plus tard, commander son sixième mojito afin de faire passer les trois pintes de l'apéro !

Franchement, chères bonnes résolutions, à 40 ans, je vous le dis, je n'ai plus d'espoir. Il n'y a plus de suspense.

Chaque année, je me promets à moi-même des choses que je ne tiens pas, comme :
– essayer de moins faire l'amour… seule ;
– arrêter d'envoyer des textos à mon ex, bourrée ;
– mieux dormir pour économiser. Oui, parce que « deux heures de sommeil en moins égalent vingt-cinq grammes de fond de teint en plus ! » ;
– comme beaucoup de femmes : faire plus de sport. Sachant que le seul que je vais pratiquer, c'est la lutte en période de soldes ou, éventuellement, la course à pied, quand il y a une offre spéciale sur la pâte à tartiner dans une grande surface.

Et pourtant, chaque année, je me dis qu'il faut que je me mette au sport ! Le problème, c'est que j'achète un survêt et une paire de baskets, et c'est bon… Dans ma tête, j'ai déjà fait la moitié du boulot ! Et l'autre moitié, eh bien… on verra plus tard !

Car je sais que je vais aussi, probablement, me dire que ce serait pas mal que je perde du poids, mais, comme je suis végétarienne, j'ai déjà perdu du poids – ainsi que ma joie de vivre !

Et enfin, dernière bonne résolution : croire en, au moins, une résolution du gouvernement sans se marrer.

Par exemple, j'ai bien aimé la bonne résolution de Macron de plus taxer les riches. Ha, ha !

De leur côté, les « gilets jaunes », à la base, étaient plus partants pour des bonnes révolutions, mais, au mieux, elles deviendront des résolutions à l'Assemblée. Donc, autant dire que celles-ci aussi risquent de tomber à l'eau.

Sans compter que le problème, chères bonnes résolutions, c'est que certaines d'entre vous s'excluent les unes les autres : comme, par exemple, « boire moins », totalement antinomique de « voir plus ses amis », à moins d'être en CM2 !

Pareil pour « sortir moins le soir » et « rencontrer quelqu'un » ! Soyons réalistes, il est assez rare de tomber sur l'âme sœur au détour de sa salle de bains, ou sur le trajet entre la cuisine et la salle à manger qui, je le précise, sont une seule et même pièce puisque j'habite à Paris.

Et puis, chères bonnes résolutions, dites-vous bien que vous n'êtes QUE le résultat des huit jours qui ont précédé la nouvelle année : le Noël en famille, le Noël avec la belle-famille, le Noël des copains, le Noël des petits, le pré-réveillon, le réveillon, l'*after* réveillon... Bref, une semaine où j'ai l'impression de vivre en permanence dans le banquet final d'Astérix – et de devenir Obélix –, au sein d'un grand open bar où tout est à volonté, sauf ma propre volonté : un marathon d'apéros de 190 heures au cours duquel on dissout, à coups de trous normands, les kilos de gras qu'on nous fait ingurgiter de toutes parts... Alors ÉVIDEMMENT qu'après ça on n'a qu'une envie : c'est de recommencer à zéro ! Ben oui parce que, sinon, autant vivre en permanence avec une perfusion de beurre, d'alcool et de sucre...

Et puis, cette année, il y a quand même une nouveauté avec la prise de conscience environnementale. Par exemple, je sais parfaitement que je vais me dire qu'il faut consommer mieux, être plus responsable, recycler, générer moins de déchets, moins prendre la voiture, moins voyager, bref SE PRIVER... car c'est vraiment primordial pour le bien de nos enfants.

SAUF QUE je rappelle que je n'ai PAS d'enfant ! Même si certains ont pris la bonne résolution de me montrer comment les faire cette année...

Par ailleurs, et je m'excuse à l'avance de vous peiner, chères résolutions, mais une étude menée en 2007 par l'université de Bristol a montré que 88 % des bonnes résolutions n'étaient suivies d'aucun effet !

Eh bien moi, Léa Lando, j'ai décidé de faire mentir les statistiques et de tenir 100 % de mes résolutions pour 2020 ! Pour ça, en réalité, la solution est simple : ne pas se montrer trop ambitieuse. J'ai donc établi la liste des bonnes résolutions suivantes :

– bien penser à mettre des habits avant d'aller au travail ;

– boire de l'eau de temps en temps ;

– et, enfin, continuer à ne pas avoir de chien.

Et figurez-vous que je compte bien les tenir, ces résolutions. Bim, dans ta face, l'université de Bristol : retourne faire des fiches cartonnées !

Salut et à l'année prochaine.

Lettre à… l'Épiphanie

Chère Épiphanie,

Qui, pour les ignorants, vient non pas des Rois mages, mais de trois copines : Marion, Anaïs « et pis Fanny »… et, comme vous l'avez compris, on ne se souvient que de la troisième !

Quoi qu'il en soit, ces trois copines coquines avaient pour habitude de tirer les rois pour avoir leur couronne. D'où l'expression !

Mais la question est : qui veut encore tirer les rois aujourd'hui ?

Mis à part Stéphane Bern !

Alors, évidemment, la féministe que je suis – ou plutôt la célibataire que je suis – préférerait que l'on dise qu'il faille à présent tirer les reines. Mais je crains voir débarquer le #BalanceTaPart ! Ou #BalanceTaGalette. Et ça, il en est hors de question car, pour moi, la bouffe, c'est sacré !

Je ne balance rien à personne.

Même s'il faut bien le dire : c'est au moment où tu commences enfin à te remettre de l'avalanche de gras et de sucre qui t'a ensevelie entre Noël et le réveillon, pile-poil au moment où tu te dis que tu vas faire ce régime que tu t'es promis à toi-même dans tes bonnes résolutions, que, BIM, on te balance une galette composée de gras et de sucre, et arrosée dans le meilleur des cas de champagne. Bref, c'est l'abstinence la plus courte du monde, un peu comme si on envoyait DSK en cure de désintox dans une maison close…

Sinon attention, chère Épiphanie, même si tu as souvent semé le doute, il ne faut pas confondre tirer les rois et lâcher une galette ! Ça peut être le même jour, ça peut aussi se faire sous la table, mais ce n'est pas le même plaisir.

D'ailleurs, je vous propose une petite énigme au passage : « Si j'achète deux galettes et que je les mange seule, je dois combien à la boulangère : une galette ou deux galettes ? »

Réponse : « Une galette, parce que si j'en mange deux toute seule, vue la dose de beurre, en général, après, je rends toujours une galette. »

À ce propos, excusez-moi, mais je ne suis pas la seule à avoir remarqué que c'est quand même le seul gâteau de boulangerie qu'on ne te met pas dans une boîte, mais dans un sac en papier ! Comme toutes les galettes, en fait : tu repars avec ton sac à vomi !

Alors, chère Épiphanie, permets-moi de livrer le secret de la table. Si vous avez peur d'avoir raté le clou du spectacle en étant invité chez des amis ou dans votre famille, sachez que, votre repère, c'est la table !

Avant de manger la galette, t'es sous la table. Quand tu la manges, t'es à table et, quand tu l'as finie, avec le champagne qui allait avec, t'es sur la table. Ou sous la table si tu as plus de 50 ans.

Chère Épiphanie, on te célèbre depuis si longtemps ! Même le groupe NTM t'a rendu hommage, en écrivant une chanson en ton honneur : « Et elle m'a mis la fève, pendant des heures, et elle m'a mis la fève, pendant pendant des heures ! »

Moi, je n'ai jamais la fève ! Donc heureusement que je ne suis pas fabophile…

La fabophilie, c'est le fait de collectionner les fèves de galettes des rois.

Et à ce propos, si je t'écris cette lettre, chère Épiphanie, c'est parce que j'en ai assez de cette tradition que je trouve désuète et minable pour la bonne et simple raison que… je l'ai dit : je n'ai jamais la fève !!

Pas une seule fois en quarante ans !

Enfin si, une fois : en 1987, chez Tata Chantal. Et elle avait mis cinq fèves dedans tellement elle en a. Donc ça ne compte pas.

Enfin, n'oublions pas qu'il existe des fétichistes de la galette, des personnes qui ne peuvent prendre leur pied avec leur galette qu'à certaines conditions extrêmement précises : il faut que la galette soit « pas trop feuilletée, pas trop gonflée, voire un peu plate et avec un joli motif médiéval dessus » et, en général, ces gens étranges utilisent l'écriture inclusive et sont obsédés par certains quartiers de Paris. Ça vous paraît complètement dingue ? Et pourtant, ces névrosés de la galette existent bel et bien…

Cela dit, je comprends l'écriture inclusive, car j'étais moi-même pour la galette pour tous, afin qu'un roi puisse choisir un autre roi si ça lui chante, et qu'une reine puisse désigner une autre reine. Mais j'ai trop peur que les « gilets jaunes » se mettent à crier « Non à la galette pour tous ! » sur les ronds-points… alors, bon…

Allez, chère Épiphanie, il faut que je te laisse, j'ai dentiste. Et c'est exactement comme avec toi : quand on abuse du sucré, on repart avec une couronne !

Lettres aux… fumeurs

Chers fumeurs,

Comme est affiché partout « Fumer tue », j'ai décidé de vous écrire avant qu'il ne soit trop tard. En ce qui me concerne, je n'ai jamais fumé. Pour moi, la cigarette, c'est comme la pipe, je n'aime pas le goût !

Et je déteste avoir au téléphone des copines fumeuses : elles sont capables de sortir des phrases extrêmement longues en apnée ; t'as l'impression de discuter avec Jacques Mayol ! *(En inspirant)* « Ouais et donc je te disais, Julie, elle est chelou, parce que je lui ai dit, ha, je lui ai dit à Julie, "il faut que t'arrêtes avec Mathieu, parce que le mec est un pervers manipulateur", ah ben c'est sûr, attends, le mec est pas fiable, quoi, ffffffffff *(expirer longuement)*. Qu'est-ce t'en penses, toi ? »

En plus, chers fumeurs, vu le prix des paquets, il faut être millionnaire pour fumer ! Et pardon, mais quitte à jeter l'argent par les fenêtres et acheter des trucs complètement futiles, autant manger des entrecôtes en or ! Disons qu'au moins on a une chance de déféquer des lingots...

Cela dit, si tu es très patient et que tu fumes très longtemps, une fois que t'as transformé tes poumons en charbon, peut-être que l'étape d'après, c'est qu'ils deviennent du diamant ? Sait-on jamais ! Certains ont bien chopé un cancer des poumons sans avoir jamais touché une cigarette.

Parce que oui, je dois le dire, le prix du paquet de cigarettes me révolte. Aujourd'hui pour fumer, t'es obligé de taxer... Alors heureusement que je ne fume pas, parce que, moi, je déteste taxer... autre chose que de l'argent !

D'ailleurs, chers fumeurs, vous devriez pouvoir déduire des impôts toutes les cigarettes que vous donnez, parce qu'à ce prix c'est clairement un don. Même moi, j'ai hésité à fumer pour avoir plus de valeur.

À ce rythme-là, vous allez voir que le chameau de Camel va finir par se transformer en cheval de course !

Et le plus fou, chers fumeurs, c'est que vous recrachez la fumée ! Pardon, mais payer ce prix-là pour même PAS avaler, c'est absurde. Et c'est pas moi qui le dis, c'est Zahia !

Le pire, c'est que l'augmentation du prix des cigarettes ne vous dissuade pas. Pas plus que les images horribles sur les paquets... Dans les débits de tabac, on ne voit que ça : des jeunes tout rabougris, du sang, du désespoir, on croirait le vestiaire de l'OM après un match de Coupe de France, c'est vous dire si c'est triste !

Parce qu'il faut bien voir qu'avec la cigarette la phrase « L'argent part en fumée » prend tout son sens, même si ce n'est pas tout à fait vrai, parce que, quand on fume, si dans un premier temps l'argent part en fumée, ensuite il part en chimio.

Donc, en fait, fumer, c'est plutôt jeter l'argent par les fenêtres des soins palliatifs... Voilà, disons-le tout net : fumer, ça coûte un bras et deux poumons.

D'ailleurs, j'ai fait le calcul : cinq clopes, ça coûte 2 euros ; et six clopes, ça coûte un œil. Six clopes/un œil... Oui, ben, pardon, mais comme on dit : au royaume des fumeurs, les borgnes n'ont qu'un œil. Si, on dit ça des fois... quand on est au resto, que tous les autres sont partis fumer et qu'on se retrouve en tête à tête avec la bouteille de bordeaux, on dit ça ! Seule, mais on le dit !

À mon avis, c'est ça qu'on appelle le « tabagisme passif ». Pendant qu'ils sont tous partis fumer, toi t'es là assis tout seul comme un con, complètement passif !

Le plus embêtant, c'est qu'au resto je me retrouve seule. Au boulot, je me retrouve seule. Et dans la vie… je me retrouve seule. Même si, j'en conviens, pour cette dernière partie, les fumeurs ne sont pas forcément les seuls responsables de mon célibat.

Vous imaginez, moi, si je devais me lever de table et sortir chaque fois que je bois un verre, eh bien, on ne me verrait pas de la soirée ! Et personne ne s'est jamais plaint d'être victime d'alcoolisme passif. Même quand je leur dis d'un peu trop près : *(voix ivre)* « Hey psss, j'ai envie de toi… »

Oui, parce que si, après avoir fumé, on sent le tabac froid, après avoir bu, on sent le… Non, non et non ! Je ne ferai pas cette rime vulgaire.

Bref, et le lendemain, évidemment, on regrette. Surtout quand on a le droit à : « Hey vas-y, si tu m'rappelles pas, j'te fume ! » Cercle vicieux !!!

J'ai quand même une amie qui m'a dit : « Moi, je ne sors pas avec les fumeurs : ils m'allument, ils me consument et ils me jettent. »

Je vous rassure, je lui ai remonté le moral en lui répondant : « Oui, mais, contrairement à la clope, toi, au moins, tu ressers ! » Eh bien oui, j'ai mis le paquet !

En plus, chers inhaleurs de tabac, fumer, c'est mauvais pour la santé : on se fait mal petit à petit, du coup autant gagner du temps, les fumeurs : mettez un gilet jaune et entrez dans un car de CRS, vous verrez, pour ce qui est de se faire du mal, c'est encore mieux que la clope !

Bon, et je parle même pas de la multiplication des vapoteurs. Alors eux, sous prétexte que c'est pas du tabac, ils t'envoient des nuages de vapeur caramel gingembre citron en plein visage sans l'ombre d'un remords !

D'ailleurs, j'envisage d'écrire un livre sur la magie qui s'appellera *Harry Vapoteur et le nuage qui pue* !

Mes chers fumeurs, je vais m'arrêter là, je sens que j'ai pas fait un tabac avec cette lettre. Et puis mes lettres sont comme l'alcool : à consommer avec modération.

D'autant que si je suis vraiment honnête avec vous, il est temps pour moi de partir, car, au moment où j'écris cette lettre, j'ai le cigare au bord des lèvres !

Oui, je sais... Espérons que cette dernière phrase aussi parte en fumée.

Lettre au… ski

Cher ski,

Je t'écris cette lettre, car, même si je travaille dans le milieu artistique, je préfère glisser sur de la poudreuse plutôt que de me la mettre dans le nez.

D'autant que les sports d'hiver dans leur ensemble courent inexorablement vers l'extinction. Le réchauffement climatique va entraîner son lot de catastrophes terribles comme la fonte des glaces, l'extinction de nombreuses espèces animales et quelques degrés de plus. De ce fait, il ne restera plus de neige dans nos montagnes.

Même Hugues Aufray risque d'être rebaptisé « Hugues au chaud ». Néanmoins, on comprendra enfin pourquoi il chante : « Elle descend de la montagne à cheval… »

Parce qu'elle descend de la montagne à ski, ce sera bientôt plus possible !

Dès lors, ç'en sera fini de nos séjours dans des chalets minuscules et hors de prix, qui sont au sommet des montagnes, certes, mais aussi du kitsch, car, pardon, mais les fausses peaux de bêtes et les têtes de bouquetins empaillées, il n'y a vraiment qu'au ski qu'on peut trouver ça sympa !

Après restent la montagne et la pureté de l'environnement, mais j'ai bien réfléchi et j'en suis arrivée à la conclusion inéluctable qu'en fait l'air pur de la montagne, c'est une légende.

Parce qu'essayez, vous, de passer une semaine à huit dans trente mètres carrés, dans une ambiance de chaussettes en laine moites, de fondue au fromage refroidie et de taches de vin chaud collantes, et vous verrez comme, au retour, l'air parisien vous paraîtra pur et délicieux !

Et puis, au ski, il y a chaque année d'innombrables accidents, mais, là encore, j'ai bien réfléchi et l'explication en est simple : le premier jour, on arrive au magasin de location de matériel qui, pour la modique somme d'un demi-smic, vous loue des skis, des bâtons et des chaussures qui embaument déjà les pieds des huit cents personnes qui vous ont précédée, et, là, le vendeur à la peau burinée par le soleil, aux yeux clairs et à la carrure d'athlète vous regarde droit dans les yeux et vous demande votre pointure. En bégayant, vous répondez trente-sept au lieu de trente-neuf, puis vient le moment de régler les fixations et c'est LÀ qu'intervient le drame : il vous demande votre poids… Face au bleu profond de son regard, vous répondez cinquante-deux kilos au lieu de… au lieu de la vérité… Et forcément, une fois sur les pistes, avec vos trois… quatre… Bon, OK, vos dix kilos au-dessus du poids annoncé, ÉVIDEMMENT que les fixations sont mal réglées et ÉVIDEMMENT qu'il y a des accidents !

Ensuite, chers sports d'hiver, il faut enfiler ses chaussures de ski et marcher jusqu'aux remontées mécaniques. C'est terrible d'évoluer avec ces choses : on se sent maladroit, empoté des pieds, à la limite du handicap. Bref, pendant les quelques mètres que l'on parcourt, on se sent Olivier Giroud et c'est pas facile à vivre !

Cela dit, en prenant quelques cours de ski, on peut vite se sentir au niveau de l'équipe de France en obtenant sa deuxième étoile…

Et que dire de l'anarchie qui règne aux remontées mécaniques ? Des centaines, voire des milliers de personnes qui s'entassent sans qu'on sache vraiment vers où aller. On est tellement bloqué qu'on a l'impression que c'est Anne Hidalgo qui a dessiné les pistes !

Pistes verte, bleue, noire ou rouge, d'ailleurs ! Alors moi je dis, cher ski : à quand la piste jaune pour les gens qui n'ont pas les moyens ?

Parce que, pour les combis jaunes, la glisse et la chute, c'est surtout au niveau du compte en banque qu'elles se situent. Résultat, les combis jaunes déclarent forfait plutôt que de l'obtenir pour pouvoir remonter la pente.

Oui, moi aussi, je peux faire du ski de fond !!!

En revanche, ce que j'aime chez toi, cher ski, c'est le tire-fesses qui, contrairement à Yann Moix, tire même les femmes de 50 ans.

En attendant, il y a une chose dont j'ai vraiment horreur à la montagne, ce sont tous ces hommes qui continuent à vouloir uriner dans la neige, pour y écrire des prénoms… La dernière fois que j'y suis allée, ça n'a pas loupé. Il y en a un qui m'a dit : « Oh, la petite, je vais t'écrire Léa et je vais même te faire l'accent avec ! »

Alors, déjà, que les choses soient claires, ils n'y arrivent jamais, ou alors juste l'accent, mais sur leur combi. Et puis, je peux vous dire qu'à – 10 degrés, j'ai découvert un truc laid : c'est la « stalacbite » !

Et le pire, c'est que cet homme est resté tellement longtemps comme ça, dans le froid, qu'au bout de vingt minutes on aurait dit un bonhomme de neige avec la carotte au mauvais endroit !

Et s'agissant des femmes, comment ne pas évoquer la grande hantise que tu suscites, cher ski ? Comment ne pas paniquer à l'idée de devoir s'éplucher comme un oignon, avant de se battre avec des bretelles élastiques pour dégrafer sa salopette, afin de pouvoir se soulager entre deux sapins tandis que le blizzard vous gèle les fesses, tout ça sans s'angoisser à l'idée de se retrouver prisonnière d'une stalactite de pipi... ?

Bref, mesdames, au ski, gare aux « stalagcystites »...

Voilà, cher ski, pour toutes ces raisons, je ne souhaite pas aller m'éclater comme une dingue et prendre un plaisir fou à glisser au milieu de paysages magnifiques et immaculés, à respirer à pleins poumons et m'aérer l'esprit pour oublier le stress parisien.

Pour toutes ces raisons et aussi, peut-être un peu, parce que cette année j'ai légèrement déconné avec les impôts. Du coup, la glisse, la chute et l'avalanche, c'est plutôt au niveau des agios qu'elles se situent. D'ailleurs j'y vais : j'ai rendez-vous avec mon banquier !

Lettre aux… chats

Chers chats,

Je vous écris, car je ne vous comprends pas. Depuis toujours, je cherche, mais je ne comprends pas votre succès.

Alors oui, il y a de la jalousie, puisque le moindre félin qui ne retombe pas sur ses pattes fait deux millions de vues sur Internet, soit quasiment deux millions de fois plus que moi qui, tout apprêtée, en fais aussi deux millions… mais de moins. C'est déprimant.

J'en déduis donc, chers félidés, que vous êtes les nouvelles stars du Web et je me suis laissé dire qu'un combat entre une meute de chats mignons armés de Flash-Ball et des « gilets jaunes », tout en donnant des conseils beauté, serait susceptible de casser Internet…

Vous vous rendez compte qu'il y a même des chats très célèbres : Félix le Chat, Garfield, Grosminet, le Chat de Philippe Geluck, le Chat du rabbin de Joann Sfar, sans oublier celui qui officie sur la chaîne cryptée, Hervé Mathoux : « Miaou, Hervé ! »

Et parmi ces chats connus, pensez donc que Choupette, la chatte sacrée de Birmanie de Karl Lagerfeld, possède 46 000 followers sur son compte Twitter ! Twitter qui, je le rappelle, est par excellence le réseau social de l'écriture. Qu'est-ce qu'elle y raconte alors, Choupette ? « Miaou miaou, mia-mia-mia, miaouuu mia ?! », puis #BalanceTonGrosMinou… ou #Ouf!J'irai-JamaisJusqu'à50Ans!

Même mes copines n'ont jamais connu une chatte qui avait autant de succès… Alors qu'on ne peut même pas discuter avec cette chatte et que je suis sûre qu'elle ignore même ce qu'est un ticket de métro !

Et pourtant, cette Choupette est aussi suivie par 100 000 fans sur Instagram ! Franchement, c'est de la folie ! Est-ce qu'on a envie de liker à longueur de journée des photos de chattes ? C'est sûr que cette question hors contexte connaîtrait flopées de réponses positives de la part de nos amis les hommes, mais sinon ?!

La seule chatte plus populaire, finalement, c'est la chatte à Dédé : celle-là même sans qui la France n'aurait pas gagné la Coupe du monde.

Chers chats, vous êtes des félins, certes, mais, quand je vous vois chez des copines, je me rends compte que vous passez quand même tout votre temps vautrés dans des coussins à rien faire... Bref, vous êtes des sortes de mini-tigres, mais croisés avec des paresseux.

En somme, vous êtes des tigres nains, ce qui me fait d'ailleurs penser qu'à « Fort Boyard » ils pourraient engager directement des chats, ce qui leur ferait faire des économies à la fois en nains et en tigres...

Et quand vous faites enfin quelque chose, c'est pour réclamer de sortir, avant de rentrer aussitôt, puis de re-réclamer de sortir, puis de re-rentrer, avant de re-re-réclamer de rentrer, avant de... Je vous ai bien observés, chers chats, et j'ai quand même la nette impression qu'un de vos objectifs majeurs, c'est de faire chier les humains !

C'est simple, il suffit que quelqu'un se penche sur une tâche qui exige de la concentration, du genre écrire dans un cahier ou sur un ordinateur, pour que vous veniez vous allonger sur ledit cahier ou piétiner le clavier... En gros, vous me rappelez les moustiques au moment où je décide de m'endormir... Le silence, et il suffit d'éteindre la lumière pour que ces cons de suceurs de sang débarquent !

Et évidemment, chers chats, le reste de la journée, vous aviez superbement ignoré toutes les tentatives de votre humain pour vous caresser. Mais là, au moment exact où il a besoin de mobiliser toutes ses capacités intellectuelles sur une tâche précise, là, évidemment vous ronronnez et vous tournez en rond précisément au-dessus de l'objet de l'attention de votre maître !

C'est pour ça que je me dis qu'elles doivent être amusantes, les conversations entre chats !

— Miaou, je te jure, mon humain est devenu dingue : je l'ai saoulé pendant deux heures en miaou-lant ! Et, au moment où il m'a filé des croquettes, je me suis cassé en les ignorant de manière dédaigneuse ! En revanche, j'ai bouffé toute sa couverture en laine : il était dégoûté ! Rrrr rrr, rrr... Ah, pardon, excuse-moi, j'ai un humain dans la gorge !

— Attends, moi je suis sorti et j'ai croisé un humain noir : ça porte malheur, il paraît ! En plus, c'était un homme de gouttière, j'aime pas trop, je préfère les humains de race... Bon, tu viens, on va regarder des vidéos de bébés humains qui se cassent la gueule sur Internet, ça me fait trop marrer, j'adore, miaou !

Ce qui me désole, chers chats, c'est que beaucoup de femmes vous adoptent pour combler le manque de présence d'un homme dans leur vie... Qu'imaginent-elles ? Que, vous aussi, vous allez leur proposer de faire un tour dans votre caisse ? Brrrrr.

La seule chose qui vous rend peut-être impressionnants, chers chats, c'est que vous existez en de très nombreuses races : les chats persans, qui sont connus pour faire des trous, les chats qui nous appartiennent : « C'est à qui le chat ? — Ci à moi ! »

Il existe les vrais chats et les chats-faux sur lesquels on ne monte pas de gaieté de cœur ; les chats grossissants, qu'on appelle aussi « chat-loupes » et, bien sûr, les triples chats qui dansent : les fameux chats-chats-chats.

Et puis, on le sait, quand vous n'êtes pas là, chers chats, c'est la fête pour les malentendants puisque, comme le dit le dicton, quand le chat n'est pas là, « les sourds y dansent » !

Mais il y a évidemment, chers félins domestiques, un énorme avantage à posséder l'un de vos congénères : c'est qu'avoir une chatte qui ne se laisse caresser que quand elle le veut bien, ça permet d'apprendre aux hommes le principe du consentement...

C'est gratuit, messieurs. Je vous ai ainsi offert de quoi me « chat-rier ».

Allez, mes petits chatons, je vous laisse parce que je sens que, si je ne finis pas cette lettre maintenant, contrairement à vous, je ne retomberai jamais sur mes pattes.

Lettre aux… femmes de 50 ans

Chères femmes de 50 ans,

Je vous écris parce qu'une polémique a soulevé une question essentielle : êtes-vous encore désirables ?

Et comme je ne suis plus si loin de rejoindre vos rangs, quand on s'attaque à vous aujourd'hui, c'est à moi qu'on s'en prend demain !

Par conséquent, je reformule la question : est-ce que JE serai encore désirable dans dix ans ? Non, parce que déjà qu'en ce moment ce n'est pas évident…

Eh bien, PAS, si j'en crois un certain hurluberlu dont je tairai le nom, mais qui ne pense qu'à lui : « Moix, Moix, Moix et encore Moix. »

Alors, heureusement, tout est relatif : entre Julia Roberts à 50 ans et Arlette Chabot à 20, le choix ne paraît pas super complexe. Et, si certains répondent que c'est évidemment la possibilité d'une conversation poussée sur les problèmes et l'urgence de réformer la Ve République qui l'emporte, il y a de grandes chances qu'ils ajoutent ensuite : « C'est fou comme elle est calée en sciences politiques, cette Julia Roberts ! »

Et puis, à 50 ans, une femme est mûre ! Qui a envie de manger une fraise verte ? Personne. On préfère tous une fraise mûre ! Un peu plus molle, certes, mais plus goûtue.

Et on ne remerciera jamais assez notre Président d'avoir relancé la mode des hommes qui aiment les fruits bien mûrs… Certains, même, ne sont pas loin d'aimer manger des fruits pourris ! Et c'est tant mieux. Comme ça, pas de gâchis. Comme on dit, ça fera une bonne compote.

Après tout, il en faut pour tous les goûts : Louis la Brocante, par exemple, pourquoi on l'appelait comme ça, à votre avis ? Parce qu'il passait sa journée à emballer des antiquités !

Pourtant, il semblerait aujourd'hui que lorsqu'un homme prend dix ans, sa copine en perde dix. Et quand une femme prend dix ans, sa balance aussi en prend dix. Car si, à 50 ans, le droit des femmes se renforce, leur corps, lui, se ramollit. En réalité, tout cela est faux.

Chères femmes de 50 ans, je voudrais vous communiquer une excellente nouvelle : comme chaque année, la plus célèbre plateforme de vidéos pornographiques en ligne, c'est-à-dire celle que consultent 99 % des hommes – les 1 % restants n'ayant juste pas accès à Internet –, vient de publier les mots les plus recherchés, à l'échelle mondiale.

Le mot « lesbienne » arrive en premier, le mot « hentai » (les dessins animés japonais classés X) en deuxième et, en troisième, on a le mot « MILF ». Acronyme qui signifie *Mother I'd Like to Fuck*, autrement dit dans la langue de Molière : « Mère à laquelle j'aimerais conter fleurette »...

D'ailleurs, le mot *mom* se classe en sixième position, même si j'ai bien conscience que le terme « position » n'est pas forcément le plus adapté ici.

La démonstration est donc sans équivoque : ce ne sont pas les filles de 20 ans, mais les plus vieilles qui excitent !

Encore un effort et on fera des calendriers sexy Jeanne Calment !

Par ailleurs, que je sache, Emmanuel Macron n'a pas promis de faire le tour de toutes les jeunes de 20 ans, mais bien de rencontrer la totalité des maires de France.

Certes, il est vrai que les hommes vieillissent mieux. Le côté grisonnant chez eux, ça fait charmant… quand, chez nous, ça fait juste vieille !

Les femmes raffolent du *dad bod*, qui est le raccourci de « *daddy body* » : le « corps de papa », traduit aussi par « ventre à bière »… Alors que, quand un homme voit ce même ventre chez une femme, il a juste peur qu'elle lui ait fait un enfant dans le dos.

Bref ! Chères femmes de 50 ans, je terminerai cette lettre en rappelant que l'avantage d'une femme, c'est qu'elle aura toujours les armes pour se rendre désirable, alors qu'il sera toujours difficile pour un homme, quel que soit son âge, de vivre avec un micropénis.

Heureusement, nous, on le sait, le plus important, c'est la beauté intérieure.

Donc, chères femmes de plus de 50 ans, ne vous laissez pas rabaisser par les esprits chagrins : vos corps sont extraordinaires et vous l'êtes tout autant ! Alors vivez, aimez et, du haut de votre bonheur renouvelé, pardonnez à cet homme malheureux prisonnier des préjugés de son esprit de bien plus de 50 ans.

Et puis si, à 50 ans, on se retrouve seule dans notre lit, on s'en fout, la ménopause nous tiendra chaud !

Allez, je vous laisse, j'ai un rencard… Et, a priori, je n'ai plus que dix ans pour en profiter !

Lettre aux… radins

Chers radins, enfin je dis « chers », mais je devrais plutôt dire « trop chers radins ! ». Déjà parce que, pour vous, tout est TROP cher. Et parce que, pour moi, vous êtes trop nombreux.

Trop chers radins, donc,

Je vous écris cette lettre et je prends bien soin de l'affranchir moi-même, car je sais que vous ne le ferez pas.

Il y a encore quelques années, le seul avare que je connaissais était dans ma bibliothèque et il était signé Molière. Aujourd'hui, tout le monde en a à dîner, dans sa famille ou chez ses amis : des pingres, des rapiats, des rats, des ratchos… Bref : des crevards. On en connaît tous un ! Comme dirait Marine Le Pen : ils sont là, dans nos campagnes, dans les villes, sur les réseaux sociaaaaaux !

Et chaque année, les médias en font des tartines sur les épidémies de grippe, mais rien, pas même une miette sur l'épidémie de radinite aiguë... Parce qu'à ce niveau-là, je vous jure, c'est plus un mode de vie, c'est une pathologie !

Enfin, il ne faut pas que je leur donne des idées, sinon tu vas voir que, bientôt, ils vont avoir le culot de demander le remboursement à la Sécu !

Quand on est radin, ce n'est pas par manque de moyens, c'est maladif... C'est légal, mais t'as quand même envie de les mettre en prison pour abus de confiance.

J'en suis même venue à me poser une question : celui qui a inventé la mort-aux-rats, si ça se trouve, c'était juste un mec envahi de radins !

Parce que oui, le pire, chers handicapés du portefeuille, chers attardés mentaux de la générosité, c'est que vous faites semblant de ne pas savoir que vous êtes radins, vous vous dites que vous êtes juste « économes » !!!

La différence, c'est que les économes se privent, tandis que vous, trop chers radins, vous aimez profiter, mais vous ne voulez pas payer. Il y a une nuance entre les deux, qui ressemble à un truc qu'on appelle « addition » ou « ticket de caisse ». Et qui, malheureusement pour vous, ne s'associe à aucun coupon de réduction.

Cessez de nous faire avaler vos salades à deux balles. Enfin à dix centimes ! Chers radins, on vous reconnaît entre mille. Vous êtes les seuls à manquer de vous évanouir quand quelqu'un crie « Tournée générale ! » et, au moment de l'addition, quand on dit « Bon, on divise ? », vous vous empressez de simuler un AVC !

Et comme vous n'êtes pas morts, vous êtes bien obligés de payer. Et là, il y a deux catégories de radins. Ça va de « Ah ouais, mais bon, j'ai à peine bu un demi-verre de vin… » à… pire : « Ah ouais, mais bon, j'ai à peine bu un demi-verre de vin et j'ai regardé Léa, elle en a bu au moins quatre, en plus elle a pris une entrée et un dessert, alors que moi non ! » Ceux-là, ce sont les pires : ce sont des radins ET des balances !

J'ai envie de leur piquer les oursins qu'ils ont dans les poches pour leur lancer dessus. Tiens, prends-toi ça et ça… Ça pique, hein !!! Ça t'apprendra à oublier ton portefeuille le jour où c'est ton tour d'inviter ! Tiens, et celui-là, c'est pour quand tu proposes de payer des coups uniquement parce que la soirée est open bar…

Et, chers radins, je vous préviens : le prochain pique-assiette qui arrive à la maison avec, à la main, une bouteille toute pourrie, je lui interdis de déglinguer ma bouteille de côte-rôtie. Ou de pomerol, ou de pétrus. Que l'on m'a offerte, évidemment !

J'en suis à un point où je pense qu'on devrait inventer les fichés R… pour lister tous les radins en liberté qu'on serait susceptible de croiser.

Même si, en réalité, il est assez simple de vous repérer, trop chers radins. C'est facile, vous êtes les seuls habillés uniquement en XXL tellement vous attendez l'extrême fin des soldes pour acheter vos fringues !

Et comment, chers radins, vous pardonner les cadeaux publicitaires ? Par exemple, dans ma famille, à cause de quelqu'un dont je préfère conserver l'anonymat et qui est la sœur aînée de ma mère, bref à cause de cette personne, j'ai longtemps cru que *L'Express* était une super-marque de montre… alors qu'en fait c'était évidemment le cadeau offert pour toute prolongation d'abonnement au magazine !

Pire, au cinéma, chers radins, vous êtes prêts à faire la queue à genoux pour bénéficier du tarif enfant !

Et on sait parfaitement que, quand vous donnez 1 euro à un SDF, vous attendez devant lui jusqu'à ce qu'il vous rende la monnaie ! Bande de Picsou !

Et, quand un radin te donne rendez-vous à 8 heures du matin, c'est pas un petit déj qu'il te prépare, c'est un « petit dèche » !

Ah ! Et on en parle de celui d'entre vous qui ne prend qu'un hamburger au McDo ? Soi-disant parce qu'il n'a pas super faim et qui ensuite te dit : « Je peux te piquer une frite ? », pour finalement te démonter ton paquet ! Je pourrais lui faire bouffer le carton... Bah quoi ? Quand on est radin, on ne gâche rien, non ?

Et je précise à nouveau : ce n'est pas par manque de moyens, c'est maladif...

Franchement, je vous le dis, entre la cigale et la fourmi, moi, je préfère faire la cigale... Et si je pouvais faire complet, ça m'arrangerait !

Bref, de manière générale, le constat est assez simple : les radins sont des cons. Et je sais que vous prendrez forcément bien cette insulte, chers cons de radins, puisqu'il s'agit d'une insulte totalement GRATUITE !

Lettre à… l'insomnie

Chère insomnie,

Je t'écris cette lettre, car j'ai eu pas mal de temps pour penser à toi récemment… Énormément, même, vu que je passe la plupart de mon temps au lit avec toi au lieu de dormir ! Alors que je ne t'y ai même pas invitée…

Donc sache-le, c'est décidé, j'aimerais qu'on se sépare !

Si encore j'étais la seule, mais tu fais ça avec tout le monde, espèce de sal… fléau ! Car, oui, chère insomnie, tu es devenue un vrai fléau de notre époque.

Et on a beau se tourner et se retourner dans son lit tel un gymnaste, au final, à cause de toi, on se sent malheureux, un peu comme un acteur de films X avec une jambe dans le plâtre : on n'arrive pas à trouver la bonne position !

On n'est pas bien, on a la sensation d'être un cube qui veut rentrer dans un trou rond.

Et après une heure à une heure trente de championnat du monde de roulade dans notre lit, s'impose la triste vérité : on ne va pas réussir à dormir. Ou à se rendormir, si on est au milieu de la nuit. Oui, parce qu'il faut savoir, insomnie abhorrée, que tu peux survenir n'importe quand, tu es tel Frédéric Beigbeder en boîte : on ne sait jamais s'il faut t'attendre en début, en milieu ou en fin de nuit...

Et quand tu arrives, disons-le clairement, tu fous le boxon entre notre corps et notre esprit. Comme le premier a peur de ne pas se réveiller à l'heure, le second propose une super-solution : « Hé, mais pour ça il suffit de pas s'endormir : idée de génie ! »... Non, idée pourrie !

Parce que, chère insomnie, tu peux causer de nombreux dégâts : fatigue, somnolence, perte de mémoire... Parce que, chère insomnie, tu peux causer de nombreux dégâts : fatigue, somnolence, perte de mémoire... Je l'ai déjà dit ?

Tu peux aussi, chère insomnie, entraîner de l'absentéisme au travail, voire même un phénomène que je connais très bien : le présentéisme, c'est-à-dire que votre corps est présent, mais pas votre esprit.

Alors, pour te contrer, chère insomnie, on essaie tout : on compte les moutons qu'on n'a pas. Ou les boutons qu'on a, si on est ado. Moi, dans ma chambre, j'ai même tenté de compter les futons, mais je me suis arrêtée à un.

Puis une fille m'a dit : « Bah moi, je compte mes ex… » J'ai donc essayé. Et comme j'en ai que cinq, je me suis vite fait chier. Elle m'a alors dit : « Bah, recompte-les… » Ça m'a tellement déprimée que j'ai pas réussi à m'endormir.

Personnellement, je suis contre les somnifères parce que, quand on en prend, on se réveille souvent avec le nez qui chatouille l'intestin grêle… Bref, pour faire simple : on a la tête dans le cul ! J'essayais juste de l'exprimer de façon anatomiquement correcte.

Sans compter, bien sûr, les cernes jusqu'au nombril. Déjà qu'avec les années les seins s'en approchent. Faudrait penser à pas tout concentrer au même endroit !

Enfin, le pire, c'est d'être insomniaque ET somnambule. T'imagines si les rares moments où tu dors, tu les passes à faire des kilomètres à pied… Tu te réveilles, t'es deux fois plus crevée qu'en allant te coucher ! Non merci.

Alors certains affirmeront que c'est à cause du marchand de sable qui, comme beaucoup de Français, s'est mis au chômage. Selon d'autres, il a traversé la rue et il est devenu marchand de beuh, qui est paraît-il beaucoup plus efficace. À tester... Parce que, chère insomnie, tu peux causer de nombreux dégâts : fatigue, somnolence, perte de mémoire... Je l'ai déjà dit ?

Et la pire des insomnies, c'est quand tu es en couple. C'est atroce quand tu confies à ta moitié : « Je sens que je vais encore lutter pour m'endormir », et que l'autre te répond : « T'inquiète, bébé, je suis là... » Pour, deux secondes après, ronfler sans gêne à tes côtés.

Alors tant qu'à faire, chère insomnie, dans un couple, attaque-toi aux deux ! Parce que ça rend dingue d'être insomniaque à côté de quelqu'un qui dort profondément. Tu pourrais lui faire l'amour qu'il dormirait encore. Déjà que, la plupart du temps, il s'endort pendant !

Par chance, la majorité de nos amis nous assure : « N'hésite pas si besoin. Même en plein milieu de la nuit ! »

Et quand t'appelles, un seul constat : ils ont évidemment tous éteint leur téléphone portable.

Et le pire, c'est qu'ils vont te rappeler un à un comme des fleurs, à 8 heures du mat, quand toi tu dors depuis à peine dix minutes, pour s'exclamer : « Excuse-moi, tu m'as appelé ?… Je dormais ! »

Cela dit, il existe des avantages à l'insomnie. Par exemple, je connais parfaitement le cycle de reproduction des lagopèdes alpins, appelés aussi « poules des neiges », et dont le plumage change de couleur en fonction des saisons. Je suis aussi extrêmement pointue sur les mœurs nocturnes de la pipistrelle commune, dont la période de gestation est de quarante-quatre jours. Incroyable, non ?! Et, évidemment, je suis capable d'attirer le perdreau mâle grâce à ma parfaite imitation de la femelle en chaleur. Merci, Chasse & Pêche !

En revanche, petite précision : en boîte de nuit à 4 heures du mat, le cri de la femelle perdrix en chaleur n'attire pas du tout les mâles, mais bien les videurs… Enfin, d'après une copine…

Sinon, il faut savoir que l'insomnie, c'est terrible, mais plus pour certains que pour d'autres. Par exemple, pour les fonctionnaires, c'est une horreur : vous imaginez HUIT heures au boulot sans pouvoir dormir ? L'enfer ! On raconte même que, par désespoir, certains fonctionnaires insomniaques en auraient été réduits à bosser pour passer le temps ! Ça fait froid dans le dos…

Donc, chère insomnie, désolée, mais il est temps de révéler ma technique pour venir en aide à toutes tes proies.

Toi, l'insomniaque en couple qui nous lit : en pleine crise d'insomnie, comme tu t'ennuies, un conseil, fais des bruits…Tousse, étire-toi, souffle fort… Et ne t'inquiète pas. Souvent, à ce stade, tu ne verras sans doute aucun résultat ! L'autre dort encore… Parfois t'as même l'impression qu'il est mort.

Là, embraie sur le plan B : tu lui mets un coup, l'air de rien. Ou tu lui bouches le nez. Puis la bouche. Là, en général, il étouffe. Ce qui est rassurant, c'est qu'il n'est pas mort… Et donc, à force, sans le faire exprès, tu le réveilles.

Et c'est là que tu dis : « Ah, tu ne dors pas ?! Moi non plus !… Bah, viens, on discute, alors ! » Tu verras, c'est radical.

Désolée, chère insomnie, de donner toutes les astuces pour t'éliminer, mais c'est que tu peux causer de nombreux dégâts : fatigue, somnolence, perte de mémoire… Je l'ai déjà dit ?

Sinon, peut-être aussi que la solution est de lire, puisque – c'est une amie à moi qui le dit – lire, c'est comme faire l'amour, il faut se concentrer et s'imaginer le meilleur à travers les mots d'un autre. Résultat, ça endort.

Oui, tant qu'à faire, je me suis dit que j'allais finir ma lettre avec une phrase à dormir debout.

Bonne nuit !

Lettre au… premier degré

Cher premier degré,

J'ai envie de te dire que c'est avec ironie que je t'écris, mais tu risquerais de me dire que c'est faux et que c'est avec un ordinateur…

Car je sais que tu prends tout au pied de la lettre et, là encore, tu vas me dire : « Pfff, n'importe quoi, une lettre, ça n'a pas de pied ! Ça a un en-tête, mais pas de pied ! »

Comme quoi, le premier degré, même quand il n'est pas Celsius, il fait froid dans le dos !

Et aujourd'hui, on a souvent le droit à des attaques de la fameuse « Team premier degré », constituée de personnes qui manquent de recul sur tel ou tel sujet. C'est le cas avec les fake news. Ainsi, lorsque Le Gorafi publie un sondage selon lequel « 89 % des hommes pensent que le clitoris est un modèle de Toyota » – ce qui est évidemment du second degré, puisque ce chiffre ne doit pas dépasser les 50 % –, bref, lorsque ce chiffre est repris et commenté par des médias italiens traditionnels, on peut dire, cher premier deg', que tu as frappé et plutôt fort chez nos amis transalpins.

Je ne prendrai donc jamais le risque de dire à un premier degré : « Et mon cul, c'est du poulet ? » Pour un peu qu'il ait faim, il serait capable de croquer dedans !

En revanche, quand on me dit : « C'est aujourd'hui que je vous aime », je le prends toujours au premier degré ! Mais là, c'est juste par expérience, parce que je sais qu'en général, le lendemain, y a plus personne.

Alors c'est sûr, cher premier degré, qu'il est plus dur de t'éviter quand on est confronté à quelque chose qui nous touche de près et dont nous sommes émotionnellement proches.

Par exemple, les fans de l'OM sont très peu enclins à rire du niveau proche du néant de leur équipe. De même, les membres de La République en marche sont très faiblement capables de rire du niveau proche du néant de leur équipe, alors que La France insoumise est difficilement sujette à l'autocritique quant au niveau proche du néant de son équipe… Un peu comme mes amis et moi !

On se calme, je suis du clan du second degré !

Bref, plus on est impliqué émotionnellement, plus il est difficile de s'extraire du premier degré. Saviez-vous, par exemple, que les nouveaux barbus sont des anciens moches ?

Mais attention ! Je sais parfaitement que je suis moi-même incapable de vanner ou d'entendre dire du mal des gens dont je suis proche ou qui me ressemblent. C'est pourquoi je vous demanderai de ne pas faire de blague sur les top-modèles…

Enfin, les top-modèles défigurées, qui ont énormément grossi, sont célibataires et enclines à forcer parfois un peu trop sur l'apéro, pour leur propre bien, mais passons !

Et que sont les réseaux sociaux, cher premier degré, sinon des outils qui servent à rassembler des gens qui se ressemblent et partagent les mêmes convictions ? Sans compter que, sur ces fameux réseaux, l'émotion l'emporte toujours sur la raison. Du coup, c'est évidemment le principal foyer de naissance du premier degré.

Prenons les « gilets jaunes ». Si je vous dis : « Emmanuel Macron, tout comme les manifestants, passe son temps à enfiler les "gilets jaunes" », ça sera diversement reçu selon vos affinités politiques et votre degré de lecture…

Le premier degré, c'est comme la première vitesse en voiture : c'est quand tu veux te faire insulter !

Parce que, finalement, la question que tu poses, cher premier degré, c'est l'éternelle interrogation de l'humour : « Peut-on rire de tout ? »

La réponse est oui, absolument. En particulier si l'on aime se faire lyncher par une foule en colère…

Par exemple, si je vous dis : « Émile Louis ne devait pas être si bête puisqu'il a aussi sauté une classe… » On peut effectivement avoir une réaction au premier degré et penser : « Comment peut-on dire ça ?! » Ou une réaction au second et penser : « Tiens, un habile jeu de mots ! »… Et non pas un « Tiens, un Nabil Fekir ! », sinon ça n'a aucun sens, ni au premier ni au second degré, c'est juste ce qu'on appelle de l'absurde et ça permet de faire oublier qu'on a fait une blague de pédophile trois lignes au-dessus…

Car, oui, l'humour, c'est comme l'alcool ! Plus y a de degrés, moins tu comprends !

Le second degré, qui est aussi un type d'équation mathématique, pose donc problème à beaucoup de gens.

Alors que moi, c'est plutôt ce type d'équation qui m'a posé problème. Comme ma mère m'a toujours répété « Méfie-toi des inconnus », quand la prof de maths en cinquième m'a dit : « Voici une équation à deux inconnues », je me suis logiquement enfuie en hurlant... La maîtresse n'a pas ri. Probablement un manque de second degré face à une équation au second degré.

Voilà, comme quoi, dans la vie comme à l'école, quand on veut rigoler, c'est comme le degré : il vaut mieux être second que premier !

Lettre aux… clubs de vacances

Chers clubs de vacances,

Je vous écris, car au niveau des vacances je suis comme l'Olympique de Marseille avec les victoires : j'ai terriblement envie de vous, mais je n'y crois plus…

En effet, dans la grisaille et le froid parisiens, en plein début février, je rêve qu'on s'occupe de moi et de tout oublier, bref, je rêve de vous, chers clubs de vacances, alors qu'une fois de plus je me prépare à fêter la « SANS Valentin »…

Parce que, ne nous voilons pas la face : aller en club de vacances avec quelqu'un, c'est comme aller dans un resto trois étoiles avec son Tupperware de poireaux-vinaigrette : c'est un peu con…

Je n'ai jamais compris les hommes qui emmènent leur femme dans ces endroits ! Est-ce que ça viendrait à l'idée d'un cerf d'emmener sa biche dans un endroit fermé, blindé de chasseurs à l'affût et dont le fusil fonctionne à répétition ? Non, car les animaux sont plus malins que nous ! J'allais dire sauf les pigeons, mais même pas, car il est très rare qu'un pigeon se fasse chier dessus par un humain…

Et n'oublions pas, d'ailleurs, que certains animaux comme les otaries ont eux aussi leurs propres clubs très sélects : le fameux « otaries club ».

Mais revenons à nos moutons, chers clubs de vacances : vous êtes aussi d'excellentes destinations en famille, car vous permettez – grâce aux « kids clubs » et autre « miniclubs » – de se débarrasser en toute bonne conscience de ses mouflets ! On les a emmenés en vacances, mais on les dépose le matin et on les reprend le soir, quand ils sont crevés : le meilleur des deux mondes !

Il faut dire qu'en club de vacances tout est organisé pour que ça se passe parfaitement : c'est en quelque sorte l'exact inverse de ma vie.

Heureusement, chers clubs de vacances, parfois vous vous adressez spécifiquement aux célibataires. En général, dans des pays où il fait chaud et où tout le concept est d'ailleurs de multiplier les visites et de se faire beaucoup visiter...

Alors je sais que j'exagère, chers clubs de vacances, vous n'êtes pas, comme on le pense, QUE des sortes de clubs échangistes en maillot de bain. Vous avez aussi la réputation d'être spécialisés dans le sport, avec des thématiques très spécifiques comme « Rire et déconne autour du char à voile », « Rencontres en canoë-kayak » ou encore « kitesurf et levrette claquée », mais, ça, c'est très spécifique et, en plus, j'aime pas trop... le kitesurf !

Il existe même certains clubs spécialisés dans le farniente : de toute la journée, le seul but est de ne rien faire, et de limiter au maximum le moindre effort. C'est le cas dans des clubs comme La Poste ou le Club Fonctionnaires...

Évidemment, il existe aussi des clubs pour personnes quasi décédées, qu'on appelle « maisons de retraite » ou « EHPAD », et où le personnel, débordé et peu aidé par l'État, organise des activités ludiques comme couchage à 17 h 30, traversée de cascades de pipi ou encore toilettage au Kärcher.

Plus sincèrement, le problème dans les formules *all inclusive*, c'est que tu as TOUT ! Et dans TOUT, il y a aussi tout ce que tu ne veux pas : comme le cours d'aquagym.

Non, mais c'est vrai, tout est compris, même le GO ! Sérieusement ! On peut prendre tout ce qu'on veut sans réfléchir ! Autrement dit, le temps d'une semaine, on se sent comme un membre du gouvernement Sarkozy. La seule différence, c'est que, nous, on vise un séjour d'une semaine au soleil alors que, pour Claude Guéant par exemple, ça va plus déboucher sur un séjour d'un an à l'ombre…

Alors, indication importante : certes, en club de vacances, on est encadré et on ne pense à rien, mais attention !! Il faut quand même veiller à ne pas oublier son passeport français. Ou, si vous êtes Alexandre Benalla, ne pas oublier son passeport français, son passeport ougandais, son passeport diplomatique, son passeport belge, son passeport de service, son passeport diplomatique de rechange… Bref : faites gaffe !

Enfin, comment, chers clubs de vacances, oui, comment vous mentionner sans évoquer vos fameux *Crazy Signs* ? Vous savez, ces chorégraphies simples à retenir sur des musiques entêtantes, qu'on fait dans une bonne ambiance…

La plus connue restant l'emblématique « Y a du soleil et des nanas »…

Je suis sûre que vous vous en souvenez tous. Allez, levez-vous, et c'est parti ! Partons ensemble en vacances !… Au moins dans notre tête : « Y a du soleil et des nanas… »

Lettre aux… couples

Chers couples,

J'ai décidé de vous écrire pour me plaindre ! Car vous êtes comme l'administration fiscale. Chaque année, vous me faites payer un truc que je n'ai pas demandé et qui fait mal : le célibat.

Saint-Valentin, journée de l'amour ! Saint-Baratin, oui !

En plus, vous êtes discriminants avec les gens qui n'ont pas de moitié, et je vous le dis justement parce que je suis entière ! Oui, je l'affirme bien haut : aujourd'hui, en France, les célibataires souffrent de discrimination !

Déjà, de nombreuses activités nous sont interdites. D'une : on n'a pas notre fête, nous ! Y a pas une saint… mal en point ou je ne sais quoi…

De deux : comment ne pas évoquer les clubs échangistes où on nous fait douloureusement sentir qu'on n'a rien à échanger ? Et là, évidemment, je vous parle d'une chose que je ne connais pas, mais dont j'ai beaucoup entendu parler.

De trois, chers couples, essayez, vous, de manger seule un soir dans un resto, vous verrez les regards qu'on vous jette : on a l'impression d'être un CRS au milieu d'un rond-point de « gilets jaunes ». On entend les gens tout autour se dire : « La pauvre... » !!! On se fait harceler du regard comme une blogueuse mode par la Ligue du LOL. On a l'impression d'être un rugbyman français face au XV de la rose anglais : on sent qu'on va se faire ridiculiser...

Pareil pour les chambres single qui coûtent le même prix que les chambres doubles, alors qu'on est moitié moins d'occupants. Ou encore les opérations spéciales « Une place achetée égale une place offerte », qui se refusent donc aux célibataires. C'est dégueulasse !

MAIS SURTOUT, comment ne pas évoquer la plus grande des discriminations, l'activité dont TOUS les célibataires sont honteusement et systématiquement privés : LE MARIAGE !

Est-ce normal qu'au motif qu'on est célibataire on soit privé de cet intense moment de joie et d'émotion ? Non ! Alors que le mariage pour tous a triomphé, pourquoi ne pas créer le « mariage pour seul » ?

Sans compter qu'il y aura énormément d'avantages au mariage célibataire : déjà, deux fois moins de frais de traiteur, deux fois moins de discours et de PowerPoint pourris, une ambiance largement meilleure puisqu'il n'y a qu'une famille et que tout le monde se connaît déjà, et surtout une nuit de noces forcément satisfaisante !

Et comment ne pas parler de votre lobbying continu, chers couples, de votre éternel prosélytisme, puisque, depuis qu'on est petits, on veut nous faire croire qu'il n'y a qu'un seul salut : le couple.

Quelle princesse décide de vivre célibataire et de kiffer sa vie ? Même Boucle d'or, elle finit par se faire un plan avec les trois ours ! Même M. Seguin, il se met avec sa chèvre pour ne pas finir seul ! Et que dire de Gepetto, qui crée un sex-toy vivant qui s'allonge quand on ment ?! Pardon, mais « Pine-au-quio », c'est quand même super clair !

Même la princesse Leïa, qui est pourtant la boss des rebelles de la galaxie, elle est tellement en chien qu'elle essaie de se taper son frère ! Ce qui n'est d'ailleurs pas sans rappeler *Game of Thrones*, ou encore le Pas-de-Calais...

Et arrêtez, oui, arrêtez, les couples, de nous saouler avec vos phrases toutes faites, comme s'il fallait absolument nous consoler ! Ah oui, parce que, quand on est célibataire, on entend des trucs fous tous les jours :

— Tu sais, Léa, un de perdu, dix de retrouvés...

— Dix ??? Mais moi, ce que je veux, c'est être en couple, pas dans une partouze !

— Non, mais ce que je veux dire, c'est que le prochain, tu ne le verras pas venir, c'est tout.

— Mais si je ne le vois pas venir, ça s'appelle un viol, en fait !

— Non, mais t'es chiante... Ce que je veux dire, c'est que ça vient toujours quand on ne s'y attend pas.

— Ahhh ! Mais parce que je m'y attends, là, peut-être ? Non... Et ça vient ? Non !

Et je vous passe les : « Tu sais, Léa, l'amour est aveugle » ou « Tu sais, Léa, l'amour a des ailes ». OK, l'amour a des ailes et il est aveugle, donc l'amour est une chauve-souris, quoi ! S'il faut faire l'amour tête en bas, ce sera sans moi, merci...

Ou encore :

— Tu sais, Léa, ne crois pas que les couples, c'est toujours tout rose. L'amour, c'est du travail...

— Ah ouais ? Et tu prends combien ?!
Bim ! Tous les couples sont permis !

Bref, chers couples, arrêtez de nous saouler... Vous savez quoi ? Saoulez-vous entre vous ! Comme ça, vous vous séparerez et, moi, je récupérerai la bonne moitié !

Lettre aux… Césars

Chers Césars,

Je vous écris, car, à l'instar d'un CRS avec un œil de « gilet jaune », je ne vous rate jamais. Je vous ai donc regardés cette année encore et, OUI, je vous aime toujours, OUI vous me passionnez, mais je vous dis la vérité : comme le dirait d'ailleurs une partenaire de Rocco Siffredi, c'est trop long pour moi !

Chers Césars, malgré tous les efforts des présentateurs qui, comme Kad Merad cette année, ne ménagent pas leur peine, vous traînez en longueur : à tel point qu'on a l'impression que la cérémonie est en 2G. On a envie de gueuler comme tous ces automobilistes qui rentrent du boulot depuis l'élection d'Hidalgo : « Bon bah, vas-y, accélère !!! »

Chers Césars, vous rendez toujours hommage aux personnes du métier disparues dans l'année ?!! C'est bien ! Mais bientôt y en a qui vont mourir pendant, tellement c'est long.

Et puis, chers Césars, vous n'êtes pas bons pour la santé ! Votre cérémonie incite les gens à boire. Ceux qui la regardent à la télé boivent pour passer le temps et parce qu'ils ne sont pas de la partie. Ceux qui reçoivent un César fêtent ça autour d'un verre. Et ceux qui ne l'ont pas noient leur chagrin dans l'alcool.

Ce qui est rassurant, c'est que ça doit être pour ça qu'ils ne se pressent pas de nommer des comédiennes talentueuses comme moi… En fait, c'est bienveillant. C'est pour que je reste en bonne santé !

Bon, en même temps, ça doit être dur d'être nommée et d'entendre un autre nom que le tien. Je le sais, ça me fait le coup chaque semaine : je joue au Loto et c'est toujours un autre qui gagne…

Mais pour autant, chers Césars, on ne peut pas vous boycotter. Sinon, on serait totalement perdu à la machine à café, le lendemain de la cérémonie. Déjà on ne saurait pas si on veut un café long ou court à cause de toutes ces angoisses sur la durée des choses et puis, surtout, on serait largué en entendant des phrases comme « Ahh, t'as vu, c'est Léa Drucker qui a eu le César de la meilleure actrice, génial, non ? »

Rater les Césars, c'est comme être la dernière personne au courant que ta mère couche avec le voisin. Tout l'immeuble en parle et, toi, tu souris en faisant croire que tu le sais aussi... alors que non !!!

C'est pourquoi, chers Césars, et afin de montrer l'exemple, j'ai décidé aujourd'hui de monter ma propre cérémonie en deux minutes montre en main.

Déjà, je commencerais en chantant, un gâteau dans la bouche, voulant rendre hommage à Queen et à la Bretagne, je chante donc sur du « Queen Aman »... Cœur avec les doigts sur les pâtisseries bretonnes au beurre salé qui méritent le César du grand péché.

Non, en réalité, je ne ferais pas un début aussi douteux. Non, moi, je voudrais démarrer directement avec la séquence émotion. En effet, je souhaiterais rendre hommage à mon tour à toutes celles et tous ceux qui nous ont quittés cette année. En ce qui me concerne, ça fait huit personnes... Vingt-trois, si on compte tous ceux qui ne m'ont pas rappelée... Et cinquante-sept, si on compte ceux qui ne sont même pas venus au premier rendez-vous… Je ne vous oublierai jamais… bande de bâtards !

— Mais tout de suite, passons à ce moment que vous attendez tous : les récompenses !… Le César du meilleur premier film… qu'elle se fait surtout dans sa tête, est attribué à… Léa LANDO !!

— Oh mon Dieu, je… je m'y attendais pas… Je… Merci. Merci à tous, je… pardon, l'émotion… je voudrais remercier avant tout la totalité des lecteurs qui lisent actuellement mes lettres et qui me laissent des commentaires élogieux donc… euh… coucou, maman ! Voilà… Je voudrais aussi remercier tous ceux qui ont cru en moi depuis le début… et toute mon équipe, parce qu'une lettre c'est aussi une *team*, donc je passe le bonjour à… mon ordinateur, mon imprimante, sans oublier… mon éditeur ! Du fond du trou… euh, du cœur… Merci à tous… MERCI ! »

Voilà, chers Césars, je suis prête ! Car au final vous êtes comme les mecs, je vous critique, mais, en vrai, j'attends qu'on m'appelle !

Lettre aux... agriculteurs

Chers agriculteurs,

Je vous écris, car, à ma grande honte, je suis comme tout le monde : je ne m'intéresse à vous que dix jours par an, au moment du Salon de l'agriculture.

Alors que c'est mon Salon préféré !!

Avant, c'était le Salon de l'étudiant. Mais j'ai arrêté d'y aller. Les étudiants commencent à être vraiment trop jeunes pour moi !

Sincèrement, je rêverais d'avoir un ami qui me dise : « Vas-y, enfile tes bottes, bébé, je t'emmène au Salon de l'agriculture, tu vas kiffer ! Et ferme bien tes tuyaux de respirage parce que, ce Salon, il sent la campagne... mais pas la campagne aux bonnes odeurs de coquelicots, non ! Le Salon de l'agriculture, ça sent surtout la campagne présidentielle aux bonnes odeurs de dérapages médiatiques... »

Du coup, le Salon de l'agriculture fait souvent plus d'audience que « L'amour est dans le pré ».

Souvenez-vous, chers agriculteurs, 2008 : Nicolas Sarkozy scande « Casse-toi, pauv' con » à un homme qui avait refusé sa poignée de main. Prenant sans doute le Président pour du fumier.

2013 : François Hollande répond à une petite fille lui parlant de Nicolas Sarkozy : « Celui-là, tu ne le verras plus ! » C'est comme ça, d'ailleurs, qu'on a su que le Président ne tenait même pas ses promesses faites aux enfants !

C'est quand même un comble qu'au Salon de l'agriculture personne ne la FERME !

En fait, c'est ça qui est drôle au Salon de l'agriculture, c'est de s'amuser à essayer de différencier les bêtes des idiots !

Cette année, record : quatorze heures d'Emmanuel Macron à flatter les croupes de belles normandes et pas une seule grosse boulette. Même pas un truc du genre :

— Monsieur le Président, je vous offre une poule ?

— Non merci, j'ai déjà Brigitte !

Rien !

Bref, honte à moi, chers agriculteurs, d'oublier parfois que vous faites face à la dérégulation du marché, au pouvoir de la grande distribution, et que vous vous retrouvez bien souvent comme votre bétail : sur la paille.

Il suffit de compter pour savoir que vous êtes dans la merde. Quand les deux packs de six bouteilles de lait coûtent plus cher à produire qu'à la vente, on peut le dire : 2 × 6 = bouse !

Votre quotidien, chers agriculteurs, c'est l'inverse de l'idéal sarkozyste : vous travaillez plus pour gagner moins. Vous êtes à contre-courant de la Hollandie : le changement, c'est pas maintenant. Et vous venez de connaître la Macronie, qui confirme que pleurer dans les bras du patron n'a jamais permis une augmentation. Il faut coucher ! Coucher ses espoirs… évidemment.

En fait, chers agriculteurs, face à vous, nous sommes comme des ados face à leur mère. Vous nous nourrissez, mais on dit quand même : « Mais, maman, vas-y, c'est quoi tes carottes de boloss ?! Tu veux m'empoisonner ou quoi ? Et ton jambon tout claqué, là, sérieux !… T'façon, j'en ai rien à foutre, je suis végétarienne !! »

Et alors, on vous reproche le glyphosate. On vous jette la pierre pour l'épuisement des sols. Et, plus grave : on vous blâme pour les bébés sans bras, alors que, le problème, c'est surtout les députés sans couilles qui n'interviennent pas face aux lobbys !

Je sais que la faillite hante vos nuits et que, pour vous, l'amour n'est pas dans le prêt… bancaire. Mais espérons que les circuits courts court-circuitent la grande distribution pour nous permettre de passer directement du producteur au consommateur !

Pour vous donner un exemple de lien direct producteur-consommateur, c'est comme quand Gérard Depardieu boit directement le vin qu'il produit dans ses vignes…

Je veux croire, chers agriculteurs, que l'engouement pour le bio vous permettra aussi de devenir des super-héros, les fameux « bio-mans » !

Et puis, entre nous, il suffit de regarder « L'amour est dans le pré » pour savoir que, derrière vos tours de tracteurs, se cachent des hommes tendres. Et, au moins, le cochon chez vous, quand il rentre au bercail, il ne demande pas ce qu'il y a à manger…

Allez, chers agriculteurs, je vous laisse bosser, vous avez la terre entière à nourrir.

Et surtout, n'oubliez pas, je vous ai-MEUUUHHHHH !!!

Lettre au… régime

Cher régime,

Je t'écris, car je souhaite éclaircir notre relation. Ça fait des années qu'on a une relation épisodique et je ne sais jamais si on est ensemble ou pas. En plus, on se reproche mutuellement pas mal de choses : bon, moi, c'est toujours pareil, je te trouve trop strict, pas assez festif, pas assez dans le plaisir, et je sais que, de ton côté, tu ne vis jamais très bien le fait que je te trompe avec du pain et de la pâte à tartiner. Ou, pire, que je fasse une orgie avec des frites…

C'est vrai qu'avec toi, cher régime, je suis comme une cheville de tennisman français : j'enchaîne les entorses… Mais il faut me comprendre aussi : philosophiquement, je suis contre les régimes totalitaires… Non, Bachar el-Assad ne passera pas par mes cuisses ! Bon, OK, c'est un peu bizarre comme phrase, mais vous voyez ce que je veux dire, non ?

Il n'empêche, cher régime. J'ai bien réfléchi et je dois me rendre à l'évidence : malheureusement, je n'arrive pas à vivre sans toi. D'ailleurs, la cote d'alerte vient d'être atteinte, car, depuis les fêtes de fin d'année, je n'arrive plus à rentrer dans mon jean de référence. Alors, qu'on soit bien d'accord, je ne te parle pas du slim que j'ai acheté pour « quand je serai mince » et que je n'ai jamais réussi à enfiler plus haut que les mollets... Non, non : je te parle du jean qui m'a valu des « waouh, t'as un beau... chemisier », mais dans lequel je me sens bien !

Pourtant, quand je suis devenue végétarienne, je me suis dit que j'allais naturellement maigrir. Sauf que du pain, du fromage et du vin, c'est parfaitement végétarien... voilà !

Bien sûr, je plaisante : je ne mange pas du pain, du fromage et du vin rouge à tous les repas. Au petit déjeuner, je remplace évidemment le pain par un croissant... Oui, on parle souvent de « régime sec », et je vous confirme que le mien, c'est plus un « régime mouillé ».

Le problème, cher régime, c'est que quand, nous, on essaie de ne pas prendre de formes, toi, tu en prends de multiples et tu as tellement de variantes qu'il est difficile de faire le tri.

Par exemple, le dernier régime à la mode, c'est le régime « soupe au chou », selon lequel on est censé manger de la soupe trois fois par jour. Mais je suis désolée, moi, tu me dis « soupe au chou », je vois Jacques Villeret qui fait « loulouloulou » déguisé en extraterrestre ! Je ne peux pas prendre ça au sérieux !… Ils vont inventer quoi, après ? Le régime « *Famille Bélier* », où tu manges sans faire de bruit ? Ou le régime « *Intouchables* », où tu manges que des légumes… ?

Ou, sinon, tu fais le régime Gwyneth Paltrow, qui ne mange que des graines ! Normal de ne rien peser si tu manges comme un moineau ! Bref, pour croire à son truc, faut vraiment être un pigeon !

Et puis, t'as les régimes miracles. On te dit : « Le régime Dukan, c'est super : tu manges et tu maigris ! » Et deux mois après, on te dit : « Le régime Dukan, c'est super : tu manges et tu maigris et après tu meurs ! »

Sinon, il y a aussi la possibilité de se faire un jeûne de temps en temps, c'est ce qu'on appelle aussi le « régime Vatican »… mais ce n'est pas mon délire !

Enfin, il existe la possibilité de se faire poser un anneau gastrique. Le principe est simple :

votre estomac, c'est un rond-point ; et l'anneau gastrique, des « gilets jaunes ». Il laisse rien passer ! Seul problème, tu perds huit kilos selon les organisateurs et trois cents grammes selon la police... En plus, je sens que ce serait le chaos à l'intérieur de moi, et je ne me vois pas jouer dans *Le Seigneur des anneaux gastriques* : *(voix de Gollum)* « *my preciiious* » !

Évidemment, il reste la solution de faire du sport ; malheureusement, c'est impossible pour moi, car, depuis un accident terrible de sieste dans ma jeunesse, je suis atteinte de flemmite aiguë. D'où une flemme terrible qui rend tout effort sportif absolument inenvisageable...

Le problème du régime, c'est quand même l'effet yo-yo : les kilos de trop, ça s'en va et ça revient. Tu perds une culotte de cheval pour, deux mois après, te retrouver avec un cul d'éléphant !

D'où, cher régime, mon aversion pour les jeunes femmes qu'on croise parfois et qui te lancent : *(voix de connasse)* « Ah bah, moi, je peux manger ce que je veux, je grossis pas ! » Ouais, ben, tu vas commencer par te manger une bonne tarte... Et celle-là non plus te fera pas grossir, mais, moi, elle va me soulager !

Alors, cher régime, si tu pouvais me lâcher un peu, ça m'arrangerait parce que je te le dis franchement : même si je t'ai dans la peau, t'es lourd !!! Et surtout, J'AI FAIM !!!!!

Lettre à… la Journée de la femme

Chère Journée de la femme,

Grâce à toi, demain sera un jour différent des autres : un jour où coexisteront intelligence, charme et modestie. Que dis-je ? Demain, ce sera la Journée INTERNATIONALE des femmes… oui, internationale ! Parce que vous le savez, lorsqu'une femme est au centre de quelque chose, elle aime que le MONDE entier soit au courant.

Et si je veux être plus précise, c'est même la Journée internationale des droits de la femme. Qui a donc été créée pour nous faire croire que l'on a des droits, alors que cette journée est tout l'inverse puisqu'elle nous prive de notre droit favori : celui de nous plaindre ! Un 8 mars, on ne pourra jamais dire : « Oh, là, là, franchement, c'est pas mon jour !! » Bah si justement, C'EST ton jour. LE fameux jour qui t'est consacré. Alors profites-en !

Sans pour autant t'attendre à ce que les hommes soient plus serviables, parce qu'ils te répondront sans détour que la Journée de la gentillesse, c'est le 13 novembre, poupée !

Chère Journée internationale des femmes, moi, j'ai naïvement pensé que pendant ta journée, une fois par an donc, pour que ce soit vraiment NOTRE jour, on pourrait échanger complètement les rôles avec les hommes. Par exemple, je me disais que ce jour-là, à compétence égale, on paierait les hommes 30 % de moins.

Que toute la journée, on harcèlerait les mecs dans la rue, à tel point que, quand ils verraient un groupe de femmes au loin, ils changeraient de trottoir plutôt que de prendre le risque qu'elles leur crient : « Ooh, hey, le BG en short court ! Y a du monde dans le slip ou quoi, là ? Parce que je jouerais bien à Motus avec tes boules ! » Et si le mec se plaint, on lui dirait à notre tour que c'est sa faute parce que c'est de la provocation de s'habiller avec un short si court, espèce d'allumeur !

Et que du coup, chaque fois qu'ils enfileraient un vêtement un peu moulant pour aller faire du sport, les hommes réfléchiraient à leur parcours pour essayer de croiser le moins de femmes possible, et même ils décideraient finalement de ne pas y aller pour éviter les emmerdes…

Naïvement, moi, je pensais que pendant toute la Journée de la femme on pourrait présupposer que, parce qu'un homme est un homme, il ne s'y connaît qu'en foot et en bagnoles et qu'il est obnubilé par les marques de bière. Et comme ça, on pourrait rire grassement entre femmes en leur disant que leur place, c'est dans un atelier avec les mains dans le cambouis.

Et je me disais aussi que si jamais, ce jour-là, il y a des hommes qui demandent l'égalité, ils se feraient traiter de sales homministes. Et puis, on fonderait une « Ligue du MDR » entre journalistes influentes et on cyberharcèlerait les homministes en public sans que personne dise rien ! Ce serait dingue !

Tiens, pareil, je me disais que, logiquement, pendant toute la Journée internationale des femmes, les hommes en famille auraient l'entière responsabilité de prendre les rendez-vous chez le médecin pour les enfants, de faire leurs valises avant de partir en vacances, de gérer les lessives, les achats de fringues, les courses, les menus, la tenue de l'évolution des stocks de chacun des placards de la maison, en plus de leur boulot. Et que, du coup, au bout de quelques années, on pourrait reprocher aux hommes de pas assez s'occuper d'eux, de se laisser aller, ce qui expliquerait qu'on se soit tapé le petit assistant comptable de 25 ans avec son beau petit cul tout ferme…

Moi, avec innocence, je pensais que pendant vingt-quatre heures, dès qu'un film de super-héros masculin se monterait, les femmes se mettraient à hurler, avant même de l'avoir vu, que c'est de la merde, que le mec qui joue le rôle est trop gros, trop blond, pas assez ou trop masculin. Ce serait super, ça !

Je me disais aussi que, pendant un jour et une nuit, il y aurait des pays en Afrique où on excise le gland des petits garçons, et d'autres pays, à qui on vend des armes, qui interdiraient aux hommes de sortir dans la rue sans avoir une cagoule intégrale sur le corps, et encore d'autres pays qui interdiraient aux hommes des choses comme conduire ou voter, parce que faut pas déconner quand même…

Et du coup, dans nos pays, on se servirait de ces exemples-là pour dire aux hommes qui voudraient plus d'égalité : « Oooh, ça va, franchement vous êtes quand même bien lotis, merde ! »

Et tiens, on pourrait aussi faire des pubs avec des mecs dénudés dès qu'on vend un bout de savon, avec marqué « Liberté Égalité Beaux Fessiers », sans qu'on comprenne rien au Sloggi… au slogan… On s'en fout de toute façon, c'est ce qu'on voit à l'image qui compte.

Et puis, pour bien faire passer le message, on ferait lire aux hommes dès l'enfance des contes où le héros est une petite chose fragile qui finit par être sauvée grâce à la princesse, belle, forte et courageuse, qui redonne enfin un sens à la vie du pauvre héros fragile, pour bien leur ancrer dans la tête que, sans femme, y a pas de salut !

Voilà, moi, je croyais que c'était ça, la Journée internationale des femmes. Mais apparemment, c'est plutôt une invitation à tous les pays à célébrer une journée en faveur des droits de la femme. Voilà. C'est bien aussi.

Mais je ne vous cache pas que je suis quand même un poil déçue, au final. Petit poil qu'on m'a demandé ce matin de raser, parce qu'il faut bien respecter un minimum les diktats de beauté établis par les hommes…

Allez, mesdames, bonne Journée internationale des femmes et bon courage pour le reste de l'année !

De toute façon, moi, mes deux Journées mondiales préférées, c'est la Journée mondiale des toilettes, parce que c'est journée porte ouverte. Et aussi, la Journée mondiale du patrimoine, parce qu'elle me rappelle chaque année que mes parents en ont un, et, comme ils ne sont plus tout jeunes, c'est une excellente nouvelle !

Lettre au… foot

Cher football,

Je t'écris cette lettre pleine de bienveillance, même si je sais bien que tu ne sauras pas la lire, puisque tu as arrêté tes études très tôt… pour intégrer un centre de formation.

Et puis, cher football, par ta faute, j'ai raté un rencard mardi à cause d'un de tes matchs : un Paris-Dijon qui s'est soldé par la victoire du PSG 4-0. On pourrait se dire « waouuuuh ! ». Mais en fait, NON ! Parce que le PSG, c'est vraiment comme un harceleur d'école primaire : il terrorise les petits dans la cour, puis les humilie. D'où le 4-0 contre Dijon, le 5-0 contre Amiens, le 9-0 contre Guingamp… Mais dès qu'il passe dans la cour des grands, il n'y a plus personne et, bim, on se prend des 3-1 contre Manchester United…

En fait, le PSG, c'est la Ligue du LOL : fort avec les faibles et risiblement faible avec les forts ! Je viens de comprendre que PSG ça voulait dire : « Pas Sûr de Gagner » !

Et j'entends d'ici les fans de l'OM rire, mais pardon, cher football : j'ai pris mes renseignements et l'OM a perdu 2-0 en Coupe de France contre Andrézieux ; et la première réaction de tout un chacun est de dire : « Contre qui ?!? » – voilà !

Alors que Manchester, on ne sait pas non plus où c'est, mais, au moins, on en a déjà entendu parler. Bim, les Marseillais !

Et puis, excusez-moi, mais le footballeur est terriblement naïf : j'ai vu que Zidane revenait au Real de Madrid… Enfin, Zizou ! N'importe quelle femme te l'aurait dit : NE JAMAIS SE REMETTRE AVEC UN EX ! Encore moins espagnol ! Parce que, quand tu rêves de OLA avec joie et bras en l'air, tu te retrouves avec des ADIOS, le regard vers le bas.

Et puis, cher foot, il va vraiment falloir que tu revoies ton vocabulaire.

J'ai, par exemple, récemment lu que Cristiano Ronaldo avait été un héros ! Un héros ??? Sérieusement ? Non, parce que, du coup, je me suis demandé ce que ce charmant Portugais manifestement *gender fluid* et surgominé avait pu apporter à l'humanité : avait-il sauvé un enfant d'un incendie ? Inventé un vaccin contre une nouvelle maladie ? Ou mieux : inventé des fils d'écouteurs qui ne s'emmêlent plus dans les sacs à main ?! Que nenni : il a juste mis un triplé... Bravo ! Mais, « héros », c'est un peu beaucoup, non ? Sinon, moi, dans ce cas, j'écris une lettre, dans laquelle j'insère trois bonnes vannes et je suis aussi une héroïne !

Tiens, pareil ! C'est comme quand les entraîneurs disent qu'ils peuvent « aller à la guerre » avec leurs joueurs... Pardon, mais qu'ils viennent une fois faire le premier jour des soldes pour une collection capsule dans une grande enseigne et, là, ils verront ce que c'est que la guerre ! Qu'est-ce que ça m'énerve, les gens qui exagèrent sans arrêt !

Alors, du temps de César, on disait que pour calmer le peuple il fallait « du pain et des jeux ». Eh bien, aujourd'hui, tu lui donnes « de la pizza et du foot » et il est content en caleçon sur son canapé, le peuple !

Et puis, excusez-moi, mais on reproche souvent aux femmes de simuler... Euh, il suffit de regarder n'importe quel match avec une équipe italienne et, là, vous verrez ce que veut dire « simuler » ! Attention, je n'ai pas dit qu'il n'était pas agréable de regarder des types musclés en short transpirer sur un terrain ; en revanche, les voir se jeter par terre en hurlant parce qu'un autre les a un peu poussés dans le dos : non !

En plus, au lit ou sur le terrain, dès qu'il s'agit de jouer les prolongations, y a plus personne. Même les Italiens. Vous êtes hors jeu, messieurs, et oui, j'invente mon hors-jeu à moi parce que je suis une femme ! Et alors ?!

Je critique, certes, mais, évidemment, cher football, pendant la Coupe du monde, comme tout un chacun, je respecte les trois règles : je m'enflamme pour les Bleus, je me mets du bleu-blanc-rouge sur le visage et je critique Giroud !

Et puis, à la différence de Mbappé, moi je me rappelle la Coupe du monde 1998... Oui, Mbappé, il ne s'en souvient pas parce qu'il n'était pas né !

Ça, c'est comme coucher avec une personne de 80 ans : c'est ce qu'on appelle « se prendre un coup de vieux ».

Toujours est-il qu'en 1998 j'avais aimé cet élan de fraternité et de solidarité, même si je n'avais pas tout compris. Par exemple, j'ai longtemps pensé que le milieu au foot était particulièrement gay-friendly, car j'entendais systématiquement pendant les matchs : « Le 13 est gay, le 13 est gay » ; ça n'avait l'air d'émouvoir personne que le numéro 13 aime les hommes et j'en étais ravie… Des bises à David Trezeguet, pour ceux qui n'avaient pas compris !

Bref, cher football, j'espère que nous pourrons continuer à vivre en bonne intelligence, toi de ton côté, moi du mien, et puis, tous les vingt ans, on se fait un petit mois de juillet ensemble, quand tu gagnes ! Comme un flirt de vacances…

Sauf que, toi, tu te renouvelles ; alors que, moi, ça ramollit sous le short !

OK, carton jaune pour celle-là.

Lettre au… point G

Cher point G,

Je t'écris cette lettre, même si je sais qu'il y a peu de chances pour qu'elle te parvienne puisque personne ne semble connaître ton adresse exacte…

Ça fait des années que les hommes de la terre entière se sont mis à ta recherche et… on attend encore !

Résultat, cher point G, tu es comme les licornes, les reptiliens ou les gens de gauche dans le gouvernement Macron : on ne peut pas affirmer avec certitude que tu n'existes pas, bien que personne n'ait encore réussi à prouver ton existence… même pas les scientifiques. T'imagines un peu, même les pros s'tâtent !

La seule chose que l'on sait de toi, cher point G, c'est que tu te fais appeler « G » en hommage à Ernst Gräfenberg, un gynécologue et chercheur allemand qui a dit que tu serais une zone particulièrement érogène… que tu serais situé quelque part entre 13 et 17 centimètres sur la paroi antérieure du vagin et que tu mesurerais entre 1,4 et 3,5 centimètres…

En fait, Ernst me fait penser à ces livreurs qui vous disent : « Votre colis qui vous fait tant rêver ? Mais bien sûr !… Entre le troisième et le cinquième étage et entre 12 heures et 17 h 30… » Tout ça pour que tu te retrouves à 18 heures avec un avis de passage dans ta boîte à lettres parce que, pour le pauvre livreur, c'était trop dur à trouver ! Et là le point G, c'est le poing dans sa Gueule que t'as envie de lui faire découvrir…

Tout ça pour dire que le point G, c'est l'équivalent d'un point relais : tu vas de toute façon devoir aller le chercher toi-même, si tu veux être sûre d'avoir le truc ! D'être satisfaite, quoi !

J'ajoute qu'il est important de ne pas te confondre, cher point G, avec un autre point qui commence par la même initiale : le fameux point Godwin. Qui est d'ailleurs appelé « point » à tort, car, à la base, il s'agit d'une loi : la loi Godwin, qui implique qu'à un moment ou un autre, dans une discussion animée, l'un des débatteurs va immanquablement évoquer le nazisme ou Hitler. Or, je ne sais pas pour vous, mais, moi, quand on stimule Hitler, c'est pas vraiment un truc qui me met dans une ambiance festive propice à l'orgasme. J'irais même jusqu'à dire qu'on est plus sur un tue-l'amour ferme et définitif.

Il existe aussi le Point S, auquel on se réfère souvent en disant : « Pas de stress, y a Point S » avec un fort accent du Midi. Mais des chercheurs ont découvert que la stimulation du Point S excite uniquement le compte en banque de Patrick Bosso.

Ensuite, je dois dire, cher point G, que dans mon cas j'ai déjà été particulièrement stimulée par toi. Je m'en souviens comme si c'était hier : troisième 2, classe de maths de Mme Riboulet et, là, elle nous dit : « Vous tracez une droite qui relie le point G au point Q ! » Résultat : dix minutes de fou rire dans la classe et, accessoirement, une heure de colle…

Cher point G, afin de conclure, je dirais que, pour la communauté scientifique, tu es surtout le point « G pas » : « G pas trouvé », « G pas cherché », « G pas le temps de me faire chier avec ces conneries de trucs de meufs ! ».

Je fais le vœu que l'on prouve un jour l'existence de cet organe mythique et je jette donc à cet effet une pièce mentale dans une femme-fontaine…

Mais j'ai confiance, cher point G : après des années d'expédition, on a bien trouvé la source du Nil. Il y aura donc forcément un docteur Livingstone, une Marie Curie, un Pasteur qui partira à ta recherche. Allez, messieurs : lancez-vous, explorez !

Après tout, Christophe Colomb, qui était parti à la découverte d'une route des Indes par l'ouest, a bien fini par découvrir l'Amérique ! Alors peut-être, messieurs, qu'en vous lançant à la découverte du point G vous finirez par découvrir le clitoris… Laissez-nous rêver !!

Et puis, cher point G, je te rassure, tu n'es pas le seul phénomène mystérieux encore non résolu par l'homme. Je pense notamment à ces événements quasi mythiques que sont la disparition des chemises des hommes dans le bac à linge sale et leur réapparition propres et pliées dans leur armoire. Ou le phénomène magique du frigo qui se remplit tout seul… Des phénomènes étranges et paranormaux encore inexpliqués dans la communauté scientifique mâle !

C'est pourquoi, messieurs, si vraiment vous voulez trouver un petit endroit mystérieux qui donne réellement du plaisir aux femmes quand on appuie dessus, j'ai un conseil : mettez-vous à la recherche de la machine à laver ! Et appuyez sur ON.

Bon, cher point G, peut-être à un de ces jours... Parce que, pour le moment, en ce qui te concerne, on est surtout toujours au point mort !

Lettre aux... rappeurs

Chers rappeurs,

Je vous écris cette lettre, car, quand on voit que le rappeur Kalash a été interpellé sur les Champs-Élysées après avoir embouti plusieurs voitures, que le chanteur MHD est emprisonné, que Moha La Squale est en garde à vue et que Nick Conrad est en plein jugement pour son clip « Pendez les Blancs », pas la peine de vous demander : « Est-ce que vous êtes chauds ? », parce qu'il n'y a pas de doute ! Vous êtes super chauds, les gars...

Ou alors vous avez pris un peu trop au premier degré les expressions « mettre le feu sur scène » et « brûler les planches ».

Chers rappeurs, on se pose très souvent la question de savoir ce qu'il se passe dans vos têtes. Par exemple, impossible, l'été 2018, d'échapper aux images de guerre entre nos deux boxeurs parfumeurs, à la sensibilité exacerbée, que sont Booba – l'autoproclamé duc de Boulbi, capable de faire rimer « duc » et « uk » soixante-six fois par morceau – et le grand Kaaris, qui multiplie les figures de style afin de signifier à son collègue qu'il serait de bon ton qu'il introduisît toute une variété d'objets contondants dans son séant...

Et pour ceux qui n'ont pas suivi, rappelons qu'ils se sont battus à l'aéroport d'Orly – que personne ne veut renommer « Orly-Johnny Hallyday » comme il l'a été proposé, puisque c'est évidemment « l'aéroport Bigflo et Orly » qu'il faudrait l'appeler si l'on veut rester dans le *game*.

D'ailleurs, chers rappeurs, en parlant de vos dénominations, il faut savoir que, tout comme les grands vins, vous vous classez par grandes appellations.

On a ainsi les rappeurs qui ont des noms de profession qu'ils auraient rêvé d'exercer, comme Doc Gynéco, Lartiste ou encore Soprano.

Il y a la catégorie des noms animaliers comme Booba donc, mon petit ourson du 92, mais aussi Nekfeu, qui est le verlan de « Fennec », ou encore La Fouine.

Et on peut aussi citer la tendance aux initiales, depuis les débuts du rap, comme IAM ou encore PNL, MHD. Sans oublier NTM, qui, comme chacun sait, signifie « Embrasse donc ta génitrice avec effusion de ma part ».

À l'heure où l'on apprend la dissolution de NTM, de nombreuses questions m'agitent cependant. Par exemple, le rap est-il soluble dans l'âge ? Vous pensez vraiment qu'on peut encore hurler : « Gros câlins à la police ! » quand on a 50 ans bien tapés ?

Verra-t-on un Akhenaton de 79 ans crier son refus radical des dentiers et des rediffs de Derrick ? En bref, le leader d'IAM sera-t-il un jour celui de I WAS ?

Et paiera-t-on encore pour hurler en cœur avec un Kool Shen de 86 ans, en maison de retraite : « Et elle m'a mis la fièvre pendant des heures », alors qu'en réalité elle lui a juste pris la température, depuis des heures !

Alors, chers rappeurs, comme je savais que cette lettre ne parlerait pas trop aux vieux, pour vous présenter à eux, je pense qu'il suffit de vous comparer à des hommes politiques.

Prenons Nekfeu. Nekfeu, c'est le Macron du *rap game* : c'est le jeune beau gosse bien propre sur lui, l'homme du renouveau, celui qui devait tout changer, mais qui n'a rien changé. En tout cas, pas de doute, un fennec et un spécialiste des cougars, ça doit être fait pour s'entendre.

Akhenaton, c'est Alain Juppé : il est là depuis toujours, mais ça fait vingt ans qu'il a rien sorti de nouveau.

Jul, lui, c'est simple, c'est le Jean-François Copé du rap : aucun des deux n'a manifestement jamais réussi à dépasser la primaire !

Kery James, de son côté, c'est Mélenchon : il donne des leçons à tout le monde depuis toujours, mais il n'a jamais été numéro un. Et pourtant, j'adore Kery James.

Booba, c'est Sarkozy : le duc de Boulbi et le caïd de Neuilly entretiennent la même passion pour le bling-bling et les banlieues chics.

Kaaris, c'est DSK : lui aussi, il est obsédé par les « uk » !

Maître Gims, c'est François Fillon. Ah ben, si : Maître Gims, c'est clairement un emploi fictif dans le rap ! La seule différence, c'est qu'il y en a un qui a mis tous ses poils dans sa barbe, et l'autre dans ses sourcils !

Et Diam's, c'est Manuel Valls : ils ont tous les deux disparu parce qu'ils étaient un peu trop obsédés par le voile...

Bref, chers rappeurs, en vrai je vous aime, puisque je vous connais tous. Mais parfois, en vous écoutant, j'ai les oreilles sales, alors que ce que je veux, moi, c'est les remplir d'Orelsan, parce que le rap, c'est beau aussi quand c'est « simple, basique ».

Lettre à… personne

Chère personne,

J'avais besoin de t'écrire parce que j'ai plein de choses à te dire. Alors, les médisants diront qu'écrire une lettre à personne c'est inutile. Eh bien, non !

Parce que, si on part du principe que personne n'est irremplaçable, ça veut bien dire que je ne peux pas écrire cette lettre à quelqu'un d'autre !

Par exemple, moi, pour plein de gens, je ne suis personne et, pour autant, s'ils avaient quelque chose à me dire, je serais ravie de l'entendre.

Et puis, si personne n'était vraiment personne, pourquoi plusieurs personnes, ça ferait du monde ?

D'ailleurs, quand on dit « sans » personne, tu sais jamais vraiment si c'est quatre-vingt-dix-neuf personnes plus une, ou zéro personne.

Tiens, pareil, chère personne, quand on réserve au restaurant, on nous demande toujours : « Pour combien de personnes ? » T'imagines si personne était vraiment personne, tous les restos seraient vides !

Pour cette raison, il existe du reste un problème évident, quand tu dis : « Ne le dis à personne. » Parce que personne, en réalité, c'est forcément quelqu'un, et ça, nous les femmes, on l'a compris depuis longtemps.

En réalité, la seule personne qui n'existe pas, c'est la personne morale qui, contrairement à la personne physique, même si elle a aussi des membres, n'a pas de cœur. Car une personne morale est une boîte, souvent dirigée par une personne sans morale. Mais qui, pour le coup, est une vraie personne.

Même une personne fausse est une vraie personne, c'est juste que ce n'est pas une personne de confiance. Contrairement à une personne juste, qui n'est pas juste personne, mais au contraire quelqu'un de bien.

Personne ne suit ou vous comprenez mieux que personne ?

Et attention, comprendre mieux que personne ne signifie pas que personne est une conne !

Donc, on ne peut pas dire, quand j'écris une lettre à personne, que je n'ai pas d'interlocuteur. Parce que j'en entends déjà se dire :

— À qui Léa a-t-elle écrit ?

— À personne !

— Allez, dis-le-moi, qui est cette personne ?

Et voilà ! Quand on pose cette question, c'est donc forcément qu'il y a quelqu'un.

Donc, quand j'écris à personne, j'écris à quelqu'un. Et j'espère que cette personne se reconnaîtra ! Et surtout qu'elle ne se déplace pas à moto, parce qu'en ce qui me concerne je ne reconnais plus personne en Harley-Davidson !

Je précise, car j'en ai connu un, sans doute fan de western, qui s'est dit un jour : j'enfile un casque et « mon nom est personne ». Et pourtant il n'est pas passé inaperçu.

Enfin, chère personne, j'avais une question à te poser : est-ce qu'un inconnu, c'est personne, sous prétexte que personne ne le connaît ? Voilà, je tenais à te poser cette question en personne.

Alors, chère personne, toi qui t'es reconnue, j'espère que tu es une belle personne, c'est-à-dire quelqu'un de bien. Contrairement à une personne belle qui peut être aussi une vraie salope… Mais, ça, tout le monde le sait.

Bref, chère personne, qui que tu sois et où que tu sois, que tu sois une personne célèbre ou une personne qui n'est personne pour personne, tu ne seras jamais une personne parmi tant d'autres, car cette lettre, je l'ai écrite pour toi et rien que pour toi.

C'est une lettre à personne et à personne d'autre !

Lettre aux… enfants

Chers enfants,

Je ne sais pas si vous avez chapardé ce livre à l'un de vos parents, mais, si c'est le cas, reposez-le immédiatement et allez vous coucher.

Parce que je vais dire des saloperies sur vous…

Et puis, j'ai toujours eu du mal à m'adresser avec sérieux à quelqu'un qui rit quand on se cache derrière ses mains pour mieux les ouvrir et faire « coucou, coucou »… C'est dire votre niveau !

En ce qui me concerne, je suis lasse de cette question récurrente : « Mais enfin, Léa, t'as 40 ans et t'as pas encore d'enfant, que s'est-il passé ? »

Je vous avoue que je ne m'étais pas préparée à cette question. Alors, de manière très spontanée et irréfléchie, je réponds comme pour les chiens : « Je suis allergique ! »

Pourtant, évidemment que je souhaite avoir des enfants… j'adore ça… C'est juste qu'il m'arrive d'hésiter quand je vois mes amies qui sont à « ça » de regretter d'en avoir.

À les écouter, c'est une horreur… Les enfants, je sais que je m'adresse à vous, mais ne lisez pas si vous êtes encore là.

Ces amies mères, donc, disent :

— Dis, Isa, tu ne trouves pas qu'un enfant c'est comme le café ? On adore en avoir un dans son salon tous les matins au réveil… On sait que ça va finir par nous rendre nerveuses, mais alors qu'est-ce qu'on l'adore quand il est frappé !

— Mais oui, Camille, c'est très juste ! Un enfant, un café, c'est pareil : ça t'empêche de dormir et tu regrettes toujours le dernier !

Et là s'approche la troisième, Davina, qui se mêle à la conversation :

— En tout cas, moi, les filles, pour le prochain, j'ai réfléchi : je veux des jumeaux. Pour le côté pratique ! Parce que c'est comme les clés de voiture. Au moins, si t'en perds un, il te reste toujours le double… J'en laisserai même un à la concierge, s'il le faut.

Et puis, chers enfants, on devrait peut-être vous poser la question à vous : allaitement ou pas allaitement ? Après tout, c'est vous qui allez passer à table !

Personnellement, j'y ai déjà bien réfléchi et je le dis : ça me gêne de me faire lécher le bout des seins par un mineur !

En revanche, les mouflets, je vous préviens tout de suite, vous ne passerez pas par la porte sacrée… c'est décidé : je veux accoucher par césarienne. Pour éviter le sourire chatoyant de l'épisiotomie et, surtout, la rééducation du périnée. Pour moi, la rééducation du périnée, c'est… c'est comme essayer de ressusciter un crustacé décédé… Alors, non merci ! Je suis certes pour la survie des espèces, mais il y a des limites.

En revanche, avoir un enfant gay, ça ne me pose aucun problème. Comme on dit, l'important est que mon enfant soit… beau !!! C'est ce que les gens voient en premier.

Et j'ai hâte, parce qu'il paraît que c'est hyper-pratique d'avoir un enfant, au cas où tu ne saurais plus très bien qui tu es… Parce qu'il te le rappelle tout le temps : « Maman, on va au cinéma ? », « Maman, c'est quoi ça ? », « Mamaaan, j'ai fini ! », « Maman, maman, maman, maaaaaaman… »

Mais répondez-leur, bon sang !!!

Et puis, bon, la grossesse, tout ça ! Ton corps qui change…

Ah, les messieurs, eux, on peut dire qu'ils ont la vie cool. Pas de menstruations, déjà. Et pour eux, le bébé, c'est comme une pizza : ils te le mettent au four et ils reviennent quand c'est prêt !

En plus, si ça se trouve, t'auras le même en petit ! T'imagines si le gosse ressemble à ton mec ! Le pauvre gamin, il t'a rien fait que tu peux déjà plus le pifer…

Et apparemment, quand ils grandissent, tu ne peux plus dire de grossièreté, même en voiture. Sinon paraît-il qu'ils te reprennent. Si, par exemple, tu as le malheur d'évacuer naturellement ton stress, comme tout automobiliste qui se respecte, du style : « Eh bah, c'est ça, fais-moi une queue de poisson, p'tit con ! » Tu peux être sûre d'entendre, en provenance de la banquette arrière :

— T'as dit un gros mot !

— Oui, bah, ça va… vos gueules, les mioches ! *(Klaxon.)* Mais avance, grosse vieille pute… Comment, les enfants ? C'est quoi, une vieille pute ?

Alors comme tu leur apprends depuis leur plus jeune âge à ne pas mentir, eh bien, tu n'as pas d'autre choix que de leur dire la vérité :

— Eh bien, mes chéris, une vieille pute, c'est... c'est comme grand-mère ! La maman de papa ! Et en mieux ! Et en plus mince... D'autres questions ???

Et le pire, c'est qu'ils peuvent dire oui ! Et enchaîner avec une tout autre question embarrassante comme :

— Maman, pourquoi ils ont disparu, les dinosaures ?

Évidemment, il est hors de question de perdre la face, alors que tu ne connais absolument pas en détail la réponse à cette question. Et surtout, quand bien même tu la connaîtrais, tu n'as aucune envie de parler de dinosaures à cet instant précis. Voilà comment tu te lances donc dans l'explication qui te paraît la plus simple et la plus efficace :

— Parce qu'ils fumaient trop !

Et puis, tu réfléchis deux secondes et tu te dis : « Attends ! ils ont le temps pour la clope. Sois un peu plus maligne que ça, bon sang... »

— Ah non, je sais... Parce qu'ils n'ont pas rangé leur chambre de dinosaure et qu'on les a tués. Voilà !

Et vous savez ce qu'il répond ce morveux ? :

— Bah, c'est pas du tout ce qu'il y a écrit sur l'iPad...

Super ! Merci, Steve Jobs !!! On ne peut même plus arnaquer les gosses avec toute cette technologie débile.

Alors oui, c'est bien pratique pour qu'ils te foutent la paix. Mais au début, tu fais comme tout le monde : « Non, mon chéri, pas d'écran, pas d'iPad, pas de téléphone aujourd'hui... Tu vas jouer au ballon ou aux billes avec ton frère, occupez-vous, amusez-vous et laissez les adultes discuter calmement entre eux... »

Une heure plus tard... « Mais putaaaaaain !!! Tu me ramasses les verres que t'as cassés avec le ballon, tu enlèves la bille que t'as mise dans le nez de ton frère et tu prends mon iPhone, mon iPad, mon Mac, tout ce que tu veux, mais tu me fous la paix !... Je ne veux plus te voir ici et, surtout, je ne veux plus t'entendre, c'est clair !!!... QUOI ? Comment on fait pour retirer la bille que t'as mise dans le nez de ton frère ? Eh bien, tu télécharges une putain d'appli de médecine qui va te dire comment l'enlever, la bille... Et je vais te dire comment ils sont morts, les dinosaures, moi : c'est parce qu'ils ont saoulé leur maman dinosaure jusqu'à ce qu'elle les tue tous !!! Voilà !!! »

Mon Dieu ! Je ne veux surtout pas en arriver là.

Et puis, si ça se trouve, je serai nulle comme mère. C'est vrai ! Comment savoir ?

La dernière fois, une amie m'a demandé de garder son fils. Bon, j'ai senti qu'il était stressé... Donc, moi, normal, je lui file un Xanax.

Eh bien, elle m'a dit :

— Mais enfin, t'es complètement malade, c'est un médicament interdit aux moins de 18 ans !

— Oui, mais je trouve qu'il est tellement mature, ton fils, pour son âge…

Autant vous dire que, depuis, elle ne me le prête plus. En même temps, un enfant, c'est pas un jouet. Et puis, si j'en veux, faut que j'en fasse et, surtout, faut que je me dépêche.

D'autant qu'avec un nom comme le mien – Lando –, les gens pensent que j'en ai déjà.

Allez, chers enfants, je vous laisse, je vais me coucher. Parce que je vous adore, mais, à force d'entendre que vous êtes fatigants, eh bien, vous m'avez fatiguée.

Lettre aux… poissons d'avril

Chers poissons d'avril,

Je vous écris cette lettre qui n'est pas une blague, même si je sais qu'elle risque de se retrouver collée dans le dos d'un ami doté d'un fort sens de l'humour…

D'abord, je tenais à vous dire, chers poissons, que je compatis puisque votre espérance de vie est extrêmement limitée : un jour au maximum. C'est très court ! Ça correspond à la durée de vie d'un pack de bière dans un car de CRS ou à celle de la vitrine d'un restaurant huppé sur les Champs-Élysées un samedi, en pleine ère de « gilets jaunes »…

Alors, pour ceux qui ne vous connaîtraient pas encore, chers poissons d'avril, vous êtes souvent assimilés à une blague potache effectuée aux dépens d'une personne qui en est victime. À ne pas confondre avec la blague qui consiste à dire : « Ha, ha, ha, j'ai mis du cyanure dans ton verre : POISON d'avril !! », qui, pour le coup, ne dure pas plus de cinq minutes quand elle est bien faite.

Non, vous, les poissons d'avril, on vous fait naître quand on dit une bêtise, un truc un peu débile pour voir si les gens sont susceptibles d'y croire. Cela étant dit, on pourrait donc penser que les politiques passent leurs journées à faire des blagues, alors que non : eux, ce ne sont pas des poissons d'avril, mais des mythos à l'année.

Enfin, il faut aussi savoir que le 1er avril est un jour de deuil pour Le Gorafi, puisque tous les autres médias se prennent pour lui ! Et là, c'est carrément porte ouverte à la poissonnerie.

La question de votre origine est assez peu claire, chers poissons d'avril. Vous seriez apparus au XVe siècle, en tant que jeunes émissaires chargés de transmettre un message d'amour, et on comprend bien l'idée : tu fais croire à quelqu'un que tu l'aimes et, deux jours plus tard, tu lui dis : « Poisson d'avril ! » En fait, c'est l'ancêtre du SMS : « Nan, j'décoonne » de notre époque.

Mais revenons à nos poissons. Avril, c'est évidemment le mois de l'année où il faut s'occuper du jardin, et notamment des raisins. Ne dit-on d'ailleurs pas « Avril Lavigne » ?... Mais c'est aussi le mois où il faut cultiver les petits pois, puisque, comme chacun sait, « les petits pois sont d'avril ». Et, vous vous en êtes rendu compte, c'est donc un mois particulièrement propice à l'humour raffiné !

En parlant de ça, comme je suis en mal d'amour depuis quelque temps, j'ai envie de dire : « À bas les poissons ! Où sont les cochons d'avril ? »

Eh oui, chers poissons, avril est un mois compliqué, surtout parce que c'est le mois où on apprend à jouer faux. On commence le mois en disant : « Bah, Juliette, pourquoi tu rigoles comme ça ? C'est pas bien de frapper maman avec une grande tape par-derrière... Tu m'as mis quelque chose dans le dos ou quoi ?... Non ? Ah, tu me rassures... »

Et ça continue dans le même registre quelques jours plus tard, pour Pâques : « Oooh, Juliette, viens voir : je crois que je viens de voir passer des cloches dans le ciel !!!... Mais oui, tu as raison, la cloche, c'est papa ! J'ai confondu : c'était un lapin... Vite, allons voir dans le jardin si par hasard il n'aurait pas laissé tomber des trucs en chocolat... »

Voilà, en fait, le mois d'avril, c'est vraiment le mois des mauvais comédiens. Du coup, on embrasse tout le casting d'*Amour, Gloire et Beauté* !

Mais la vraie question est : chez les poissons, fait-on, le premier du mois, des « humains d'avril » ? Et si oui, comment ça se passe chez nos amis à nageoires ? Les maquereaux prostituent-ils les morues, qui montrent leur raie pour appâter le chaland et se font traiter de thons ? Y a-t-il anguille sous roche du côté des poissons-scies et des requins-marteaux assis en bancs, qui, muets comme des carpes avec leur coupe mulet, mettent le turbo pour « carrelets » leurs soles au bar ? Je ne sais pas, en tout cas, gardons-nous de leur tendre la perche…

Et c'est sur cette interrogation métaphysique que je vais terminer cette lettre et rentrer chez moi, afin de bosser d'arrache-pied sur la prochaine lettre…

Ha, ha, POISSON D'AVRIL ! Je pars bien évidemment boire des coups en terrasse en me promettant de me coucher tôt… Oui, c'est ce qu'on appelle un « auto-poisson d'avril » !

Allez, salut tout le monde !

Lettre à… l'heure d'été

Chère heure d'été,

Je t'écris – même si je sais que tu vas recevoir cette lettre avec une heure de moins – pour te dire que je n'en peux plus ! Parce que, quand on t'adopte, chère heure d'été, on ne cesse de nous dire : « Attention, vous allez perdre une heure de sommeil !!! »

Sauf que c'est faux et archi-faux ! Puisque, quand on sort du boulot à 18 h 30 et qu'il fait beau, on se met en terrasse avec un verre de rosé qui n'est jamais suffisant. Donc, on prend la bouteille et, comme on est à jeun, on commande le petit plateau de fromages qui va avec ! On est bien et… on rentre à 3 heures du mat, fracassé !

Donc, crois-moi, chère heure d'été, entre le coucher tardif, le cholestérol et l'alcoolémie, c'est pas une heure de sommeil qu'on perd : c'est trois ans de vie !

Sais-tu au moins pourquoi on t'appelle « heure d'été » ? Certains pensent qu'on se réfère à la saison, mais pas du tout ! On t'appelle comme ça juste parce que c'est l'heure « d'été-rasses » !

Et je vais te dire, chère heure d'été, moi je t'appelle même l'« heure d'étais », parce que, chaque année avant que tu débarques, j'ÉTAIS en forme, j'ÉTAIS sobre et j'ÉTAIS capable de rentrer dans mon jean !

Moi, après chaque heure d'été, j'ai besoin d'une heure détox. C'est pas le changement d'heure, pour moi, c'est le changement dur… le changement dur-dur, même.

À la base, chère heure d'été, il faut que tu saches que le changement d'heure a été instauré pour faire des économies d'énergie, du temps de « On n'a pas de pétrole, mais on a des idées ». Sauf que ça ne marche pas ! On n'économise pas d'énergie, et surtout pas la nôtre. Parce que déjà que je me bats jour après jour contre l'insomnie, alors quand on me dit : « Tu vas dormir une heure de moins », je ne te cache pas que j'ai envie de pleurer en me demandant si l'on peut dormir MOINS qu'une heure par nuit !

Toutefois, ton avantage, chère heure d'été, c'est qu'il ne fait plus noir à 18 heures et, quand on habite à Paris, le kif, c'est qu'on n'a plus l'impression de vivre en Laponie ; les rennes en moins, les cons en plus !

Je plaisante, bien sûr. C'est quand même super de pouvoir passer du temps à l'air libre, à condition d'avoir un toit ouvrant, vu que le nombre d'heures passées dans les embouteillages n'a pas diminué, lui ! Merci, madame Hidalgo !

Néanmoins, il y a quand même des bons côtés à ton arrivée, chère heure d'été, puisque grande nouvelle : ÇA Y EST, ma gazinière va enfin être à l'heure pendant six mois !

L'heure d'été, c'est aussi le signal pour nous, les femmes, que nous allons pouvoir mettre des jupes, des chemisiers et des décolletés et ainsi pouvoir nous sentir libres… de nous faire héler, insulter et harceler dans la rue : chouette, on a hâte ! Quand je pense que nos trois kilos en trop nous avaient fait hésiter !

Il faut savoir, chère heure d'été, que lors d'une grande consultation européenne, 84 % des 4,6 millions de personnes interrogées se sont déclarées contre le changement d'heure. Ce qui signifie en langage hollandien : « Le changement, c'est pas maintenant » ; en langage macronien : « Non merci, la disruption temporelle » ; et en langage sarkozyste : « Me saoulez pas avec l'heure d'été, déjà si je pouvais ne pas aller en prison, ce serait super ! »

Reste LE grand problème : faut-il te conserver comme base, chère heure d'été, ou prendre comme référence l'heure d'hiver ? On est sur un débat qui déchire la société, quelque chose d'extrêmement tendu, à la hauteur du grand dilemme pain au chocolat ou croissant le matin ?

Personnellement, je suis à fond #TeamHeureDÉté ! On se lève tard, on se couche tard, c'est super... D'ailleurs, tant qu'on en est à changer d'heure, je propose qu'on ne change pas UNE heure, mais toutes les heures !

On fait plus équitable. Par exemple, heures de boulot : 11 heures-16 heures ; heures d'apéro : 16 heures-21 heures. Soit cinq heures chacun, on rentre à 21 h 30 et tout le monde est content !

Je propose donc solennellement qu'on reste éternellement à l'heure d'été. Tant qu'on y est, d'ailleurs, je propose qu'on allonge juillet et août de quatre-vingt-dix jours et qu'on taille dans octobre, novembre, décembre, janvier, février pour récupérer ce qui manque : ça nous fait huit mois d'été, quatre mois de printemps et on s'embête plus avec l'hiver ! Pas mal, ça, non ?

Je sais pas ce que vous en pensez : c'est une idée que j'ai eue hier à l'apéro entre 18 h 30 et

2 h 40. Plus proche de 2 h 40 que de 18 h 30, d'ailleurs… Et faut que j'y retourne pour théoriser tout ça proprement !

Sachant qu'heure d'été ou pas, je déteste être en retard pour l'apéro ! Parce que c'est bien la seule chose sur laquelle TOUS les Français sont d'accord.

Lettre aux… mythos

Chers mythomanes,

Je vous écris même si je ne suis pas sûre que cette lettre vous arrive, vu que vous avez certainement donné une mauvaise adresse, mythos que vous êtes !

Alors, ce qui est intéressant avec vous, chers mythomanes, c'est qu'on peut vous classer par catégorie : existent d'abord les mythos profonds, ceux qui relèvent de la psychiatrie genre « Oui, bonjour, je suis juste un gentil champion des "12 coups de midi" » et, en fait, pas du tout… MYTHOOOS !

Il y a ensuite les mythos opportunistes. Prenons, par exemple, un CV : pardon, mais « Anglais : courant » et « Espagnol : notions », sérieusement ? MYTHOS ! On le sait très bien, que la dernière fois que vous avez parlé anglais, c'était pendant un échange scolaire en quatrième et c'était pour demander où étaient « *ze double You C, please ?* ». Bref, que vous n'avez pas en réalité un anglais courant, mais un « anglais qui s'est barré en courant après la terminale ». Quant à l'espagnol, « notions »... Je vous le dis : commander un mojito ou un cuba libre, à 3 heures du mat, même avec l'accent, ÇA NE COMPTE PAS !

Et ne parlons pas de la rubrique « Hobbys », où vous écrivez « running », qui se traduit dans la vraie vie par « des fois je cours pour attraper le métro »... MYTHOOOOOS !

Et les profils sur les sites de rencontres, bande de mythos, on en parle ? Là, on est sur de l'orfèvrerie en termes de mythonnerie. Faut savoir que, sur Tinder, c'est la haute couture de l'affabulation, les artistes du bluff, les experts du mensonge pathologique... Parce qu'entre la description et le jour de la rencontre c'est tellement le grand écart, que même Jean-Claude Van Damme, pourtant expert à la fois en grand écart ET en mythonnerie, est battu à plate couture ! C'est simple, on lit : « 1 m 88, athlétique, yeux verts » et, au rendez-vous, on voit « 1 m 72, athlétique... en 1997 », sans doute que t'avais pas vu l'astérisque ! Et « œil vert », oui, oui : un seul œil… Ah bah, t'avais qu'à pas avoir de *date* avec un « gilet jaune »…

En parlant de *date*, pour en avoir une, là aussi, tu mythonnes ! Parce que tu veux mettre toutes les chances de ton côté ! Moi-même, sur Instagram, une fois postée la photo de ma salade du midi et son accompagnement à base de farandole de hashtag : #Végétarien #Light #Salade #Régime #Summerbody, eh bien, je range mon téléphone et vas-y que je remets des tranches de saint-nectaire, de la sauce au bleu et des patates sautées sur ma salade, et que je me bâfre avec délectation !

Et ne parlons pas de Facebook, où tu postes le coucher de soleil, le smoothie ananas-noix de coco et la plage de Thaïlande où tu as passé une heure. Et non pas les toilettes où tu as passé les vingt-neuf heures suivantes à gémir en boule, en regrettant de ne pas avoir demandé un smoothie *without ice*, eh oui, parce que, là, on est plus sur un anglais « courante ».

Et ce texto reçu à 22 heures : « Hello, je pensais à toi, ça va ? » ?! MYTHOOO ! Toi, tu cherches un plan Q ! Rien d'autre.

Enfin, que dire de l'épidémie de mythomanie qui fleurit à chacun de mes déménagements ? Tous ces gens qui ont un empêchement pile le jour où il faut bouger mes meubles… Du coup, maintenant je deviens mytho à mon tour et j'envoie comme texto : « Salut, dispo pour mon déménagement le 8 ? » Et quand on me répond : « Ah non, désolé, j'ai un RDV chez le médecin le 8… », je balance : « Génial ! En fait c'est le 9, RDV à 8 heures en bas de chez moi, bises. »

Bon, quelle heure il est, là ? Ouh, déjà ! Bon, va falloir que je vous laisse : j'ai rendez-vous avec un très gros producteur pour un film et j'ai pas le droit de dire qui, parce que Spielberg compte sur ma discrétion et, comme y a Clooney et Brad Pitt dedans, faut que je me magne…

Je terminerai donc en disant que, parfois, le mytho, ça sert aussi à se faire croire à soi-même qu'on a une vie de rêve.

Lettre au… poil

Cher poil,

Je t'écris cette missive, car je sais que, même si elle n'est pas parfaite, même si elle est partiale, ça restera quoi qu'il arrive une lettre « au poil »… En d'autres termes, pas de quoi te donner la chair de poule !

Et pourtant, tu es, cher poil, au centre de bien des controverses, à tel point qu'on ne sait plus s'il est encore de bon ton de t'arborer fièrement en barbe ou en moustache. Surtout si on est une femme !

D'ailleurs, nous, les femmes, on ne sait plus si on doit te montrer en touffe sous les bras en signe de revendication féministe ou, à l'inverse, te traquer et t'éradiquer jusqu'à ton extinction totale, pour respecter les diktats de la beauté.

Autrement dit, faut-il aller à rebrousse-poil ou te caresser dans ton sens ?

Non, parce que c'est vrai, cher poil, on ne sait plus quoi penser ! À une époque où la barbe reprend du poil de la bête, c'est pile-poil le moment où frappe la polémique féministe, et on nous dit à nous, les femmes, qu'il faut s'affranchir du diktat que la mode, décidée par les hommes, nous a imposé, et porter fièrement ses poils.

Certes, mais les magazines féminins, pourtant faits par des femmes, nous enjoignent de nous épiler avant la plage, alors que faire ?

Je ne sais pas, je ne sais plus, poil au…

Eh bien, non, pas de poil du tout : c'est là qu'intervient cette sombre histoire de SIF – le sillon interfessier, la fameuse « porte d'entre-raie » –, dont je ne souhaite plus parler suite à une expérience malheureuse ET douloureuse. Enfin, c'est ce que m'a raconté une amie…

Ce qui est sûr, cher poil, c'est que chez les hommes tu t'exposes comme jamais : de trois jours, de bûcheron, en pointe ou en collier, la barbe est au pinacle de la mode.

Et on la remercie ! Grâce à elle, les hommes ont plus de charme, car il est désormais plus facile de dissimuler un menton fuyant, une peau grasse ou des restes d'acné. Voire les trois à la fois.

J'en parle parce que même les célébrités s'y sont mises : le footballeur Olivier Giroud est devenu l'égérie d'une campagne pour produits d'entretien de la barbe. Un business juteux et on ne va pas lui en vouloir ! Pour une fois qu'il a mis dans le mille, rendons-lui hommage !

Sans oublier Sébastien Chabal ! Car rappelons qu'avant lui la barbe était réservée en collier aux profs de maths ou en modèle très fournie aux bikers.

On voit d'ailleurs fleurir de plus en plus d'échoppes qui proposent de soigner la barbe dans les zones urbaines. D'où l'opéra avant-gardiste : *Les Barbiers de ces villes* !

Oui, je l'admets, je ne savais plus quoi faire de cette lettre, étant donné que, sur la fin, j'étais un peu à poil…

Bref, toute toison entraîne de l'entretien et du travail. Donc, pour avoir de jolis poils sur le visage, ou ailleurs, il ne faut pas les avoir dans la main.

Et je ne vous parle même pas de la souffrance des femmes qui, effrayées sans doute par certains contrôleurs, tiennent à avoir sur elles leur ticket de métro permanent ! Seul problème dans le métro, c'est que, quand on transpire, il arrive que le « poil pue bien »...

Mais la révolte du poil gronde et, sur les ronds-points, les hommes refusent de plus en plus le règne de la barbe : ce sont les fameux « Gilette jaunes »... C'est à faire se dresser les cheveux sur la tête tant ils sont prêts à tout raser. D'ailleurs, on les appelle les « raseurs », et ces gens de tout poil qui ne veulent plus d'un poil uniforme et parfait s'unissent derrière leur slogan : « Gilette jaune, l'imperfection au masculin ».

Sur ce, j'en termine avec cette lettre, car, comme disait une tondeuse de mes amies, je m'en voudrais de vous raser... avec mes gros sabots !

Lettre à… Notre-Dame de Paris

Chère Notre-Dame de Paris,

C'est le cœur lourd que je t'écris, car ta disparition, que j'espère tellement passagère, entraîne, comme toute catastrophe, dans son sillage son lot de conséquences terribles.

J'ai vu par exemple qu'on avait sorti Jack Lang de sa crypte, qu'on lui a fait cracher son antimite et le voilà déblatérant sur Notre-Dame comme s'il en avait vécu la construction, alors qu'on sait bien que c'est faux : que ça, c'est Michel Drucker.

Tu étais tellement altière, tellement fière, dressée depuis le terrible Moyen Âge jusqu'à nous ! Hier, on a tous eu l'irréelle impression de vivre un épisode de *Game of Thrones*, dans lequel les scénaristes pyromanes auraient jeté au bûcher leur plus belle héroïne.

Quand j'entends dire cette fin d'après-midi du 15 avril 2019 que Notre-Dame de Paris brûle de mille feux ? Ma première réaction a été de ne pas vouloir y croire…

Et toujours pleine d'ironie, je me suis bêtement dit : Notre-Dame de Paris en feu ? Est-ce une façon un peu primaire de dire qu'Anne Hidalgo, surnommée ainsi, a le feu là où je pense ?

Ou pire, Emmanuel Macron serait-il vraiment prêt à tout pour annuler son élocution qui devait avoir lieu le soir même, et ainsi ne pas répondre aux Français à propos du débat national ?

Ou est-ce que Victor Hugo était un visionnaire ? Lui qui écrivait sur toi, mais aussi un roman qui aurait tellement pu être contemporain en cette ère de « gilets jaunes » : *Les Misérables*.

Ou enfin, est-ce qu'un ouvrier fatigué aurait juste laissé traîner un mégot de cigarette mal éteint sur le chantier du monument, qui était en plein ravalement… ?

A priori, rien de tout cela. Juste le chaos, là, sous nos yeux. Notre-Dame de Paris devient en quelques minutes Notre-DRAME de Paris.

Tout le monde te pleure et les larmes réunies auraient sans doute pu éteindre tes flammes. Alors oui, on a vu des gens twitter qu'il fallait au moins un Canadair ; à la place, le gouvernement a tenté d'envoyer un Castaner, mais rien n'y a fait. Vous me direz, c'est compliqué d'éteindre un incendie à coup de Flash-Ball !

Et j'ai même vu, chère cathédrale, qu'on a demandé son avis à Garou ! Pourquoi pas ? Mais c'est comme si l'on voulait connaître le point de vue de Patrick Sébastien sur la raréfaction de la faune marine, parce qu'il a chanté « Les sardines ». Ou si l'on demandait à Michel Sardou son avis sur la situation économique au Connemara : « Bah si, vous savez, c'est des terres brûlées, des landes de pierres… » !

Chère Notre-Dame, comme un vulgaire Abribus par un samedi récent, tu es partie en fumée. À l'instar d'un barrage de pneus chez Continental, tu t'es consumée. Telle Jeanne d'Arc, tu as brûlé et, comme elle, tu demeureras une héroïne. Et si, selon Cupidon, l'amour vient d'une flèche – même si ta flèche à toi s'est effondrée, comme le cœur de tous les Français –, notre amour reste intact. Quelle que soit notre religion.

Oui, ta flèche s'est effondrée sur elle-même, ton transept s'est embrasé, ta nef est devenue brasier : tu as brûlé, mais tu ne t'es pas éteinte dans nos cœurs, « Notre-Grande-Dame », et, c'est sûr, tu resurgiras des cendres de ton toit !

D'ailleurs, dans un grand élan de solidarité nationale, les cagnottes se multiplient dans tous les sens et il n'est pas impossible qu'une fois reconstruite on te renomme « Notre-Dame de Leetchi ».

La famille Pinault a débloqué 100 millions d'euros, la famille Arnault 200 millions, et on se réjouit de cette aide et on les en remercie, tout en se disant qu'il serait pas mal de leur faire croire qu'un centre des impôts a aussi brûlé... De son côté, Emmanuel Macron a appelé les Français, qui se plaignent de ne plus rien avoir, à faire des dons. Bref, tout le monde est sur sa ligne de conduite.

Mais j'ai confiance. Je sais, Notre-Dame, que tu te relèveras, que ton architecture éblouira à nouveau les touristes du monde entier, que tes rosaces resplendiront de plus belle et que les perches à selfies se multiplieront comme jamais devant ta splendeur retrouvée. Tu en as vu d'autres, chère grande dame, et dans mille ans on parlera de cet incendie comme d'un aléa.

Chère Notre-Dame, à plus de 800 ans, tu te refaisais une beauté et cela a causé ta perte. Finalement, il t'est arrivé la même chose qu'à Donatella Versace : un lifting qui a mal tourné.

Et crois-moi, depuis, elle est beaucoup moins visitée.

En ce qui te concerne, le paradoxe est que les experts ne peuvent pas te pénétrer parce que tu es beaucoup trop chaude.

Chère Cathédrale, depuis hier, Quasimodo pleure sa Dame, et sa maigre consolation est que, pour une fois, ce n'est pas lui le plus ravagé des deux…

Mais évidemment, l'heure n'est pas à la boutade. Et je salue au passage les soldats du feu qui ont réussi à te sauver la vie. Car on ne veut pas, à notre tour, perdre nos deux tours.

Bref ! Chère Notre-Dame de Paris, même si tu ne seras plus aussi bien charpentée, tu seras toujours aussi radieuse. Alors, promets-nous de ne plus jamais t'immoler…

Il est quasiment 20 heures au moment où je t'écris cette lettre et, comme tout un chacun, pour reprendre des forces et reprendre vie, il est temps d'aller se restaurer.

Bon appétit à certains et longue vie à Notre-Dame de Paris !

Lettre aux… jeunes

Chers jeunes,

J'ai décidé de vous écrire parce qu'on pense encore que je suis dans votre camp, alors que plus du tout depuis au moins… deux ans !

Du reste, je me rends bien compte que le simple fait de dire : « J'écris une lettre aux jeunes », c'est une phrase de vieux…

Donc, voilà, chers jeunes, je ne peux plus vous le cacher, je m'éloigne de vous. L'autre fois, je discutais avec ma nièce de 15 ans, et c'est fou de se dire qu'on n'a pas les mêmes références. Par exemple, elle, elle n'a jamais connu Loana mince…

Pour elle, Kev Adams, c'est un ieuv ; et Britney Spears, juste une grosse dame alcoolique qui a fait deux-trois tubes à l'époque de nos mères.

Pour elle, Facebook, c'est un truc pour les has been ; et la tectonique, un phénomène géologique qui date de 100 millions d'années.

Tokio Hotel, c'est un établissement hôtelier au Japon ; et Paris Hilton, la même chose, mais en France !

Du coup, je lui ai dit : « Je parie que tu savais pas que Yannick Noah était un bon joueur de tennis, avant d'être un mauvais chanteur ! » Et effectivement, elle ne savait pas... qui était Yannick Noah ! Oui, en plus d'être une vanne de vieux, celle-ci, c'est une vanne de vieux con, comme en font les gens de mon âge.

C'est comme Snapchat, elle m'en parle tout le temps parce que vous, les jeunes, vous êtes tout le temps dessus, alors que, moi, je n'y comprends rien... Il paraît que, quand t'envoies un Snap à quelqu'un tous les jours et qu'il te répond, t'as une flamme par jour et, plus t'as de flammes, plus t'es content. Snapchat, c'est l'inverse de Notre-Dame, en fait.

Dommage que les jeunes passent à côté des vraies choses. Vous voyez, ça aussi, c'est une vraie phrase de vieux !

Et en même temps, chers jeunes, quand je vous vois être toujours super énervés, un peu perdus et à pas pouvoir décider ce que vous allez devenir, je me dis que, si ça se trouve, le monde n'est pas juste en crise, mais plutôt en crise d'adolescence !

Par exemple, chez les Anglais, t'as l'impression qu'ils ont fait une fugue ! *(Voix relou d'ado)* « Nan, mais vous, les Européens, vous êtes trop des boloss, alors on s'casse : rien à foutre ! T'as trop le seum, Angela Merkel ! #BREXIT. »

T'as Emmanuel Macron qui se la joue premier de la classe et qui en fait des caisses, tout ça parce que monsieur a pécho la prof de français... En attendant, monsieur le délégué, tous les camarades de classe qui ont voté pour vous attendent que vous vous mouilliez un peu plus.

T'as Vladimir Poutine, aussi. Lui, il passe son temps à faire des selfies torse nu. Et ses flammes à lui, il ne les a pas faites sur Snapchat : il les a faites avec un lance-flammes sur des Ukrainiens et des Tchétchènes...

Et puis, t'as les Américains. Eux, ils sont dégoûtés parce que leur délégué de classe, Donald Trump, c'est vraiment l'adolescent type, obsédé par ses boutons... Sauf que lui, c'est un bouton nucléaire. Et s'il l'éclate, c'est pas du pus qui va sortir ! Et les cratères, ce seront pas les mêmes !

Bref, chers jeunes, profitez, mais j'ai bon espoir que tout le monde finisse un jour par grandir...

Lettre à… Pâques

Chère fête de Pâques,

Je t'écris en pensant à Notre-Dame et à ses cloches, non pas celles qui hurlaient au complot ou demandaient des Canadair, mais celles qui auraient pu résonner en ton honneur ce dimanche qui t'est consacré.

Dans la tradition catholique, chère fête de Pâques, tu es l'une des fêtes les plus importantes et tu célèbres la résurrection du Christ… Seul petit problème, c'est qu'il est très difficile de déterminer ta date si l'on n'est pas un spécialiste, puisque tu es située, attention : le premier dimanche après la première lune ecclésiastique qui suit l'équinoxe de printemps !

On ne comprend même pas un mot sur deux, à tel point qu'on dirait un discours de Macron.

Et je précise, chère Pâques, que ta cousine – la fête juive de Pessa'h – commémore quant à elle la sortie d'Égypte et la liberté retrouvée. Et c'est le moment où il faut manger des *matzot*, c'est-à-dire du pain azyme, et bannir le *hametz*, c'est-à-dire tout ce qui est à pâte levée ou fermentée.

Bref, pour les chrétiens comme pour les juifs, on se rend compte que la fête de Pâques, c'est surtout l'occasion de sortir des mots que personne ne comprend !

Et puis, dans ces deux religions, Pâques, à la base, ça consistait à badigeonner les portes de la ville avec le sang d'un agneau de moins d'un an… Festif, certes, mais je ne vous cache pas que je préfère courir pour chercher des œufs, que pour échapper à des vegans en rut !

Car oui, heureusement, Pâques, c'est surtout la chasse aux œufs ! Sauf qu'il fait tellement beau ce week-end-là en général que, toi, tu dis aux enfants de chercher des œufs dans le jardin, mais ce qu'ils trouvent, au final, c'est de la pâte à tartiner dans du papier d'alu !

Alors je vous explique, les enfants, faut vous y habituer parce que c'est exactement comme un plan Tinder. Il y a une grande différence entre ce qu'on vous promet – du dur et de l'intense – et ce que vous allez découvrir : du mou et du collant !

Cela étant dit, à Pâques, les chasses aux œufs se multiplient dans tout le pays, comme autant de courses au trésor chocolaté : les yeux brillent, les petites jambes s'agitent en tous sens, et plusieurs tonnes d'œufs sont perdues. Pensons, oui, pensons à tous ces petits morceaux de rêve qui auront roulé sous un brin de muguet pas encore éclos, qui auront été trop bien cachés par un papa zélé derrière des primevères qui jettent leurs derniers feux de l'année, ces morceaux d'orfèvrerie cacaotés qui seront dévorés par un chien, un rat ou qui moisiront dans leur joli emballage d'aluminium… J'en ai les larmes aux yeux…

C'est pas facile, Pâques…

C'est pour ça, les enfants, que, quand on grandit, ce qui nous rend le plus heureux, ce n'est plus les Pâques de chocolat, mais les packs de bière ! Plus pratique pour faire passer la déception.

Et comme je sais qu'il faut préciser que l'alcool est dangereux pour la santé, quand je dis ça, je marche sur des œufs ! Comme ça, la boucle est bouclée !

Alors, le débat fait rage pour savoir si c'est un lapin de Pâques ou des cloches qui viennent balancer les œufs.

Franchement, je ne sais pas ce qu'il faut fumer pour penser qu'un lapin pond des œufs ! En revanche, je connais plus d'une cloche qui a réussi, avec beaucoup d'efforts, et un peu sonnées, à pondre quelque chose !

J'embrasse mes copines et leurs enfants au passage.

Bref, chère fête de Pâques, tu es une grande fête, un marqueur important de notre année et, en particulier, le lundi de Pâques qui est sacré et férié, comme vous pouvez vous en rendre compte puisque j'écris cette lettre le dimanche de Pâques !

Du coup, je me dis que, même si elle est un peu courte, ça ira pour cette fois et tant pis si je me fais sonner les cloches !!

De toute façon, il n'y a qu'une chose à retenir. C'est que, comme chaque année, il y a des Pâques juives, des Pâques catho et des Pâques cata, comme pour le Sri Lanka, à qui je ne pouvais pas ne pas adresser toutes mes pensées en 2019.

Lettre à… l'haleine

Chère haleine,

Je t'écris, car, à part moi, tu es la seule à pouvoir faire tourner les têtes et soulever les cœurs. Et tu vas rapidement t'en rendre compte, mais chacun de mes mots transpire le peu d'amour que j'ai pour toi.

Alors oui, tu fais partie des odeurs corporelles qui, dans le règne animal, sont appelées « phéromones » et qui servent à signifier au sexe opposé – ou pas, d'ailleurs – leur disposition à faire l'amour…

Enfin, vous avez compris : chez les animaux, avec les phéromones, ça « ramone ».

MAIS, messieurs, il n'en va pas de même chez les humains et, non, une bonne grosse haleine de phoque n'a jamais mis qui que ce soit en émoi !

Il faut dire que, chez certains, les exhalaisons buccales sont si méphitiques que même le métro parisien entre Auber et Châtelet en est jaloux...

Parce que je veux bien, à l'instar de Mac Lesggy, savoir que les impuretés se déposent le long de la frontière gingivale, il n'empêche qu'une bonne hygiène dentaire vient à bout de pas mal de soucis.

J'ai d'ailleurs une amie qui badigeonne de dentifrice tous ses pulls en cachemire, car elle soutient que « le dentifrice rafraîchit la laine »... Oui, je sais, je peux aller me brosser avec cette vanne.

Plus sérieusement, chère haleine, il faut bien reconnaître qu'on en est à se demander si certains se brossent les dents avec du fumier, s'ils font des bains de bouche d'eau croupie ou s'ils sont atteints de mycoses buccales...

Qui sont ces gens qui refoulent du goulot ? Quels sont leurs réseaux ? Et pourquoi exhalent-ils une odeur de charogne ? Mangent-ils en cachette des corps de petits animaux en décomposition ? Et, surtout, comment éviter ces individus qui, au petit matin, illustrent de manière littérale l'expression « avoir la tête dans le cul » ?

Et puis, toujours cette lancinante question : pourquoi les gens qui ont une haleine de poney se sentent-ils obligés de vous expliquer les choses de très près ?

Je propose donc de créer l'équivalent des éthylotests : des « haleinotests ». Et d'imposer une distance minimale de quatre-vingts centimètres entre notre nez et la bouche de celui qui veut nous raconter soudainement un secret, sous peine de se voir immédiatement retirer son permis de parler par la police buccale.

Au bout de deux gardes à vue et de trois passages des gencives au Kärcher, à mon avis, on verrait moins d'oublis de brosse à dents avant d'aller au lit !

Force m'est néanmoins de prendre en compte, chère mauvaise haleine, que les bonnes choses font rarement sentir bon des dents. Par exemple, je n'ai pas honte de te le confier : j'aime l'ail. Et si je devais faire un statut Facebook sur ma relation à l'ail, je dirais « c'est compliqué »... Disons qu'il fait pleurer deux fois : la première, comme l'oignon, quand on l'épluche, et la seconde, quand on voit son interlocuteur plisser les yeux quand on lui parle... En bas de chez moi, il y a un italien qui fait de merveilleuses pâtes à l'huile et à l'ail. Eh bien, quand j'en mange, je deviens Buffy, de *Buffy contre les vampires* : un souffle de moi et je vaincs une horde de vampires déchaînés… car si le vampire est devant moi, le pire vent, lui, sort de ma bouche !

Et c'est là que je me dis : mais comment, comment font les dentistes ?! J'étais en train d'écrire cette lettre quand j'ai pris conscience du sacerdoce immense qu'est la profession de ces scaphandriers de la carie, ces explorateurs des molaires vermoulues, ces héros des relents fétides, qui bravent toute la journée les pires attaques chimiques. Mesdames et messieurs les dentistes, merci.

Car, de surcroît, disons-le, chère haleine, tu es bien plus matinale que nous tous. Toi, au petit matin, tu es déjà à ton maximum… Tu donnes tout ce que tu peux…

Ça me rappelle d'ailleurs les premiers weekends en amoureux. Ce moment où toi, chère haleine, tu deviens LA hantise de tout amoureux transi. J'ai des souvenirs émus de réveils discrets à 6 h 45 dans le but de me passer la brosse dans les cheveux, un petit coup de blush et manger un demi-tube de dentifrice pour prétendre me réveiller une heure et demie plus tard, fraîche et belle comme la rosée du matin, telle une princesse sentant le Colgate menthe poivrée… ha, ha, ha !!! FAUX ! À 6 h 45, je ressemble à un phacochère bouffi, j'ai la tête de Pumba avec les plis de lit gravés sur le visage et je sens la litière de phacochère… Moi, le matin, quand je parle, les roses se fanent…

Sauf que, pour les premières nuits ensemble, ce n'est pas possible : on n'est pas prêt à exposer sa tragique humanité à grands coups d'odeurs corporelles et de fluides de tous ordres, et on triche. On a toujours un déo de secours à portée de main, un chewing-gum à portée de bouche et on risque l'occlusion intestinale pour ne pas aller aux toilettes…

Mais, quand on regarde son couple après cinq ans de vie commune, on se dit qu'il est loin le moment où l'on préservait l'autre de toutes ses émanations !

Bref, chère haleine, je sais que, côté odeurs, il y a des hauts et des bas, mais fais comme nous, mets du déo et, là, y a pas de débat…

Et sois sympa, pour une fois, laisse-moi être plus mauvaise que toi !

Lettre aux… choses qui ne se font pas

Chères choses qui ne se font pas,

Sachez déjà que, à l'instar des frustrations engrangées par les discours d'Emmanuel Macron, vous êtes beaucoup trop nombreuses à mon goût.

Par exemple, si je vous confie que la première fois que j'ai rencontré mon ex-belle-mère je portais un jogging, vous me direz que ça ne se fait pas ! Et pourquoi pas ?

Ce qui ne se fait pas, c'est de mettre des chaussettes de sport avec des chaussures de ville. Ça, ça ne se fait pas !

De même, on ne porte pas de chaussures bateau avec un jogging et on ne porte jamais, au grand jamais, des chaussettes avec des claquettes !

Je précise que, pour toute personne non allemande, le port des claquettes-chaussettes devrait être sanctionné d'une peine incompressible de dix ans par la fashion police, la brigade du look et l'Agence centrale du bon goût. Tout simplement parce que ça ne se fait pas. Comme je dis toujours, on n'a quand même pas fait la guerre aux Allemands pour s'habiller comme eux cinquante ans plus tard !

Cela étant dit, chères choses qui ne se font pas, coucher avec quelqu'un et partir avant qu'il ne se réveille sans laisser de mot, ça non plus, ça ne se fait pas. C'est pour ça que j'ai décidé d'arrêter de le faire ! Maintenant je laisse un petit mot et, seulement après, je m'en vais. Et si vous voulez le savoir, j'ai emprunté ce petit mot à une certaine Valérie T. et il se résume ainsi : « Merci pour ce moment. »

Parmi vous aussi, chères choses qui ne se font pas, on compte toutes les phrases qui commencent par : « Je ne suis pas raciste, MAIS... » Eh bien NON ! « Je ne suis pas raciste » tout court veut dire que tu n'es pas raciste. Alors que, quand tu dis : « Je ne suis pas raciste, MAIS... », la traduction est que tu ES raciste. Dans ce cas, commence tes phrases par : « Je suis raciste, D'AILLEURS... » et, là, tu peux coller tes petites saloperies, mais au moins t'assumes.

Et puis, il y a les grands classiques, chères choses qui ne se font pas. Par exemple, et je le dis souvent, on ne ressort jamais avec un ex ! Bon, en ce qui me concerne, c'est parce qu'ils ne veulent pas ! Mais pour les autres, ça fait partie des choses qui ne se font pas.

Ressortir avec un ex, c'est comme ressortir du placard un vieux T-shirt que t'aimais bien ado… Sois réaliste, t'as grandi et il ne te va plus. Et t'auras beau le réessayer quatre ans plus tard, avec nostalgie, IL NE T'IRA TOUJOURS PLUS !! Alors, laisse ce truc démodé au placard. Et enfile quelqu'un d'autre… pardon, je voulais dire : enfile quelque chose d'autre.

Ça ne se fait pas non plus de se moquer des gens qui ont un handicap, ce n'est pas facile pour eux ! Franchement, autant ne pas en rajouter. Donc, cessez de vous moquer de Giroud et des joueurs français à Roland-Garros, merci !

Chères choses qui ne se font pas, parlons aussi de la trottinette électrique sur les trottoirs, qui a rejoint vos rangs, et sans casque, en plus. Et qui est utilisée par des hommes d'une cinquantaine d'années. En fait, ils font la même chose qu'après un premier divorce : ils veulent s'offrir une seconde jeunesse ET sans se protéger.

Alors, qu'ils aiment vivre dangereusement, d'accord, mais sans nous ! Merci bien !

En même temps, ça ne se fait pas non plus de dire : « Oh là, je suis trop vieux pour ces conneries... » En tout cas, pas quand un Federer éclate tous les jeunes qui ont la moitié de son âge, ou quand un Tiger Woods vient de regagner après quatorze ans de disette.

Et, chères choses qui ne se font pas, on arrête les cris de singe dans les stades de foot, SVP ! La seule – et je dis bien la seule – raison qui fait qu'on peut hurler des cris de singe dans un stade, c'est qu'on en est soi-même un. Or, dans le cas présent, ce sont des « supporteurs de foot ultras » qui font ça. Lesquels ont un QI inférieur à celui de n'importe quel orang-outang ou autre chimpanzé puisque, de toute évidence, ils n'arrivent pas à descendre de l'arbre des préjugés débiles dans lequel ils sont juchés.

Ajoutons, chères choses qui ne se font pas, que l'avènement des réseaux sociaux a été une véritable manne pour vous. C'est pourquoi je me propose de devenir l'espace d'un instant « Nadine de Webschild », une sorte de Nadine de Rothschild 2.0 des réseaux, afin d'y établir des règles de bienséance en ligne :

– Tout d'abord, on ne consultera pas ostensiblement son téléphone à un rendez-vous galant. Surtout si c'est un premier rendez-vous. Surtout si ce sont des notifications Tinder.

– On ne cyberharcèlera pas les gens sur Twitter, même si c'est pour le « LOL » ou parce qu'on fait partie d'une « ligue »... Insulter en ligne, c'est comme dans la vie : si tu te sens pas d'aller hurler des insultes à Teddy Riner en vrai, ne le fais pas en ligne !

– On ne met pas la photo d'un pote beau gosse pour illustrer son profil sur un site de rencontres. Arrêtez avec ça !

– On ne fait pas de Snap ou de story Insta quand on est en train de tromper sa moitié...

– Et on n'ouvre pas plusieurs groupes de discussion WhatsApp en même temps. Ça évitera notamment de dire « J'aime ton boule » à un collègue de travail plutôt qu'à l'être aimé. D'ailleurs, encore pardon au concerné, qui se reconnaîtra...

– Et puis, on ne spoile pas les séries sur les réseaux. Ni dans la vie. Car les gens qui veulent binge-watcher *Game of Thrones*, eh ben, ils ne veulent pas savoir que Cersei, elle meurt dès le premier épisode de la saison 8. Et on les comprend, parce qu'après c'est plus pareil…

Ah, c'est pas ma faute ! C'est la faute aux choses qui ne se font pas, qui sont beaucoup, mais alors beaucoup trop nombreuses.

Lettre au... maillot de bain

Cher maillot de bain,

Je t'écris cette lettre parce qu'il est grand temps que je me jette à l'eau ! En effet, nous revoilà à cette période de l'année où les magazines féminins nous mettent la pression en titrant : « Osez le féminisme en trois leçons », mais aussi : « Belle en maillot, nos cinq astuces beauté, bien-être et mode ».

Comme toi, cher costume de bain, il est donc grand temps que je me mouille. Alors, les maillots : qui sont-ils ? Quels sont leurs réseaux ? Et quel est leur but secret ?

Léa Lando mène l'enquête.

Plus modestement, cher maillot, commençons par un peu d'histoire. J'ai décidé de m'adresser au plus grand spécialiste mondial possible avec le budget recherche qui m'a été alloué… et j'ai trouvé pas mal de trucs sur Wikipédia !

Il en ressort notamment, cher maillot de bain, que tu es assez récent. Sous l'Antiquité, par exemple, on se baignait nu dans les bains publics, et c'est encore le cas dans certains saunas parisiens, qui sont des lieux de vie et euh… d'échanges, et il faut convenir que l'hygiène n'y est d'ailleurs pas le motif principal de la visite.

Au Moyen Âge, toujours pas de maillot, puisque les bains de mer sont jugés malsains et connus pour répandre la lèpre… C'est compliqué, hein, de penser que, si on se baigne, on risque de perdre un membre. Mais disons, au moins, qu'à l'époque l'expression « j'ai pas pied » prenait tout son sens !

Et puis, fin XIXe siècle, cher maillot de bain, ton ancêtre apparaît : on se baigne en corset et pantalon bouffant ! Engoncée du haut et Bibendum en bas ! Ah, je peux vous dire que ça devait pas faire les malignes sur Instagram à l'époque ! #LookDeMerde.

En 1910 apparaît la « *swimming* robe » : un pantalon un peu lâche et une robe par-dessus, un peu comme si on faisait du yoga ET qu'on sortait en boîte en même temps. Les hommes, eux, portent un uniforme et une jupe pour aller nager, jusqu'à la révolution de 1932 où apparaît le fameux « slip Tarzan ».

C'est en effet cette année-là que tu nais réellement, cher maillot de bain, inspiré par le pagne porté par Johnny Weissmuller, dans le premier des douze *Tarzan* qu'il aura tournés. On y est : voici le premier maillot près du corps, le fameux moule-bite ! Oups, pardon, j'ai dit « bite » ! Oh bah, je viens de le redire !... Alors disons le fameux moule-boules – ou moule-kiki !!! – qui traversera les époques, jusqu'à être obligatoire dans nos piscines municipales. Et ça, c'est chouette !

Déjà parce que c'est devenu le seul lieu où l'on ne peut pas nous le faire à l'envers sur la marchandise ! Et aussi parce qu'on a dit adieu à la peau de bête au profit de bêtes qui n'ont pas de pot ! Car, soyons honnêtes, aucun homme n'aime porter ce maillot. À part Christian Clavier dans *Les Bronzés*. Et vu ce qui dépassait du maillot, on comprend mieux d'où vient l'expression « kiki ».

Puis la libération de la femme des années 1960 a fait naître le monokini, suivi du Bikini, qui se transformera par la suite en trikini. Une sorte de trois-pièces, avec un slip de bain, un soutien-gorge et une bande de tissu verticale qui relie le haut et le bas.

Je ne vous cache pas que j'en ai essayé un. Et, à moins d'être bien gaulée, t'as vite l'air d'un rôti mal ficelé !

Car moi, comme beaucoup de femmes de 40 ans, je suis devenue mi-ferme, mi-molle. Tout ça parce que j'ai voulu être à la mode : #BalanceTonSport.

Et puis, avec le trikini, c'est quoi les marques de bronzage que t'as, après ? À la fin des vacances, tu te retrouves avec une route qui fait Saint-Tropez-Cap d'Agde ?

Sérieusement, le trikini, c'est peut-être un trois pièces, mais en réalité, t'es tellement à poil que ça devrait s'appeler le « très-cul-nu »...

Et puis, à quoi sert exactement cette bande de tissu au milieu du ventre ? C'est pour qu'un homme puisse venir voir une femme, quand elle bronze au soleil, et la soulever d'un coup par là en lui disant : « Allez, viens, bébé, j'te ramène à la maison ! » Juste parce qu'il peut la choper comme un pack de bières, avec son truc...

Bref ! Tu as donc toujours été un reflet de ton époque, cher maillot de bain. Sauf que, aujourd'hui, tu t'es tellement diversifié que je suis totalement perdue ! Récemment, je suis entrée dans une boutique et j'ai commencé à me noyer avant même d'être à l'eau.

On m'a proposé un « haut de Bikini crop top tie and dye » : déjà, j'ai rien compris et, après, on m'a proposé un « bas taille haute pour rééquilibrer la silhouette » : ben, dites-le directement, que je suis gaulée à l'envers !

Ensuite, on m'a demandé si je voulais un « imprimé tribal bandeau » : mais moi, si on me fait porter ça, c'est sur les yeux qu'il faut me le mettre, le bandeau, parce que j'ai l'impression d'être condamnée à me taper la honte !

Surtout que, pour finir, on m'a proposé un « une-pièce asymétrique Néoprène », mais j'avais envie de leur dire : de toute façon, vous mettez n'importe quoi sur moi, ça a l'air asymétrique !

Restait le maillot une-pièce. Mais là, avec les bras et les jambes noirs et ton ventre blanc, tu reviens de vacances, t'es un panda : donc, à part si tu veux être la star du zoo de Beauval, c'est compliqué…

Et, finalement, cher maillot de bain, comme pour Tinder, j'ai opté pour le profil le plus simple… Le même que l'année dernière. Sauf que tu l'essaies et tu te dis : ils ont rétréci leur 36 ! Et en fait, non, c'est toi qui as grossi !

Pourtant, j'ai pris un maillot noir. Parce qu'il paraît que ça mincit. Et en fait, non, parce que, qu'il soit noir ou blanc, un maillot de bain, ça boudine un boudin !

Et personne n'a envie de payer cher pour ressembler à une pièce de boucher.

Surtout que, toi, personne veut te bouffer.

Non, mais franchement, c'est vrai ! Ça coûte hyper cher, un maillot ! Les naturistes, en fait, ils ne sont pas exhibs, ils sont radins !

Bref, cher maillot, je suis un peu circonspecte sur ce que tu es devenu. Surtout que tu as donné ton nom à une opération primordiale avant la plage, judicieusement appelée « se faire le maillot »...

Se faire le maillot, qui consiste donc à nettoyer sa peau pour évoluer avec grâce. À ne pas confondre avec « se faire LA mayo », qui consiste à nettoyer le pot pour évoluer avec graisse...

Quoi qu'il en soit, cher maillot de bain, cette année encore, nous te porterons tous et, que tu sois une-pièce ou deux, nous oublierons celui qui t'a précédé, car il faut savoir tourner la plage.

Lettre à… la jalousie

Chère jalousie,

Je t'écris cette lettre, même si je sais que tu en liras d'autres, salope ! Pardon, mais c'est comme ça que tu nous rends, chère jalousie : excessives, agressives, voire parfois folles. Enfin, je veux dire quand on ne l'était pas déjà avant…

Et ce n'est pas nouveau, les pédiatres affirment même que tu te développes, chère jalousie, chez les nouveau-nés, dès l'âge de 6 mois : quand leur mère fait semblant de s'occuper d'une poupée à côté, les petits se mettent à hurler de détresse.

Ce qui nous montre deux choses : d'abord, que la jalousie est un sentiment naturel et, ensuite, que certaines mères sont prêtes à laisser leur bébé pousser des cris de détresse au nom de je ne sais quelle étude !

Et puis, pour celles qui ont haussé les sourcils : mesdames, si votre mec se met à s'occuper d'une poupée à deux mètres de vous, je vous mets au défi de rester parfaitement calmes !

Parce qu'on le sait, chère jalousie, c'est vraiment dans le couple que tu t'épanouis pleinement : « T'étais où ? Tu faisais quoi ? Avec qui ? Pourquoi ? Combien de temps ? »

La jalousie, c'est beaucoup de questions, surtout que la technologie moderne a renchéri : « À qui t'envoies ce texto ?... C'est qui, sur la photo que t'as likée ?... C'est qui, ce numéro qui t'a appelé trois fois ?... Pourquoi t'as deux téléphones ?... C'est qui, cette Laurence F. avec qui t'as parlé deux heures hier sur WhatsApp ? Et pourquoi tu crois que j'ai fouillé dans ton portable, alors ? »

Car, oui, chère jalousie, à cause de toi, j'en connais plus d'une qui s'est prise pour un détective privé... Elles enquêtent à fond, alors que personne ne les a embauchées.

Et c'est, par conséquent, beaucoup d'explications en retour : « Moi ? Mais non, je ne connais pas cette Laurence je sais pas quoi !... Et je ne sais pas du tout pourquoi elle est nue dans mon lit !... Si, bien sûr, je sais pourquoi, moi, je suis nu !... Alors, tu vas rire... Ah, non... Apparemment, non. »

D'ailleurs, connaissez-vous le code du téléphone de votre partenaire ? Oui ? Non ?

Ben, pour les « non », demandez-vous pourquoi... Je dis ça, je dis rien... Mais quand même...

Et si oui : il suffit d'un rien, comme, par exemple, une auteure quarantenaire, célibataire, pour planter la petite graine de doute qui, en mûrissant, deviendra une bonne grosse jalousie rampante, puis grimpante...

La jalousie, paraît-il, c'est la peur de perdre un partenaire. C'est pour ça que les hommes ne sont pas jaloux, parce que, eux, ils en ont toujours deux minimum.

En réalité, je suis jalouse de ceux qui sont en couple. Parce que, moi, je n'ai personne avec qui m'engueuler. Résultat, je m'ennuie.

Chère jalousie, tu pourris la vie de la personne qui te pratique et de la personne qui te subit... On dirait Hidalgo : une vraie fouteuse de merde !

Tu es d'ailleurs, chère jalousie, un thème très souvent exploré dans l'art et, en particulier, la grande littérature. Et métaphores et allitérations se multiplient à ton sujet dans de nombreux chefs-d'œuvre : par exemple, tu es l'élément central d'*Un amour de Swann*, le célèbre roman de Marcel Proust. Du moins, c'est ce que dit Wikipédia ; moi, je n'en sais rien, je ne l'ai pas lu. En revanche, je sais, par exemple, que la méchante reine dans *Blanche-Neige*, elle est jalouse de Blanche-Neige et, quand son miroir lui dit qu'il y en a une plus belle qu'elle, elle pète les plombs…

La jalousie, l'inquiétude, le manque de confiance en soi, c'est négatif. D'ailleurs, le rappeur Mokobé l'a bien dit : « les jaloux vont maigrir », pourquoi ? Parce que ça travaille au corps… Bon, je sens bien que vous me jugez sur mes références artistiques et littéraires, alors pardon, mais c'est chiant Proust, et puis c'est écrit petit. Le seul truc que j'aime bien dans Proust, c'est que c'est marrant si on enlève le S… Voilà !

Et puis, chère jalousie, dans ton cas, il s'agit de ne jamais oublier la puissance de la psyché féminine. Imaginez cette scène : vous êtes en couple, passe une jeune femme superbe. Si le mec la regarde, il va se prendre une volée. S'il ne la regarde pas, vous allez le soupçonner de ne pas la regarder exprès, alors qu'il en meurt d'envie, le lâche ! Et il va se reprendre une volée… et deux jours plus tard ! Lui, il saura pas pourquoi, mais, vous, vous saurez que c'est à cause de l'autre connasse... avec son jean en 36, là, espèce de... BIP !

Pareil : si votre mec dit de l'une de vos amies : « Elle est mignonne, elle », il meurt, c'est clair ! Et s'il dit : « Elle est pas terrible, elle », il meurt aussi, parce que vous ne supporterez pas qu'il dise du mal d'une de vos copines ! Comme quoi, la jalousie féminine peut aussi être à géométrie variable...

Mais, chère jalousie, tout le monde est capable de t'éprouver un jour ou l'autre.

Ne serait-ce que parce que notre société est basée sur des déclinaisons de la jalousie : il suffit de regarder les réseaux sociaux, qui ne fonctionnent qu'à travers toi, chère jalousie... Mais si, évidemment ! Pardon, mais quand on poste une photo de soi sur la plage, à la Martinique, sur Insta ou sur Facebook, ce qu'on attend, c'est pas que les gens pensent : « Ah, là, là, Léa passe de merveilleux moments, je suis tellement content pour elle et donc pour moi. Résultat, tout cela me procure du bonheur... »

NON ! Ce que l'on veut, c'est que les gens pensent : « Mais elle est encore en vacances, elle ? Mais elle a vraiment trop de chance, cette connasse !! »

Voilà ce que l'on veut ! On veut faire envie, et qu'est-ce que l'envie, sinon ta proche cousine, chère jalousie ?

D'ailleurs, c'est Emmanuel Kant, qui disait : « Ah, là, là, pffff ! » Si. À un moment, il l'a dit, j'en suis sûre. Je l'avais mis au bac de français. Bon, j'ai eu 2, mais parce que le correcteur était un ignorant !

Du reste, tout le monde peut être jaloux ! Prenez les impôts, par exemple. C'est fou comme ils sont jaloux ! Il suffit que vous payiez quelqu'un en liquide pour le remercier d'avoir refait entièrement votre cuisine, votre salle de bains et votre salon pour que les impôts vous fassent une crise de jalousie ! Et vas-y que je te fais un contrôle fiscal et que je t'envoie des recommandés, parce que je ne suis pas sûr de moi et de la solidité de mon couple… Ridicule !

Ne niez pas être jaloux ! Vous l'êtes forcément, vous aussi. Autre exemple : mon amie Rose dit ne pas être jalouse, mais, quand quelqu'un dit à sa copine Yaëlle qu'elle ressemble à Sophie Marceau, Rose répond : « Tu veux dire à l'avenue Marceau… après un passage des "gilets jaunes" ! » Et après, elle affirme : « Moi, jalouse ? Pas du tout ! »

Mais bien sûr que si !

Bon, en attendant, je vais en finir avec cette lettre, car je ne voudrais pas que mes autres destinataires jalousent le temps que je t'ai consacré… Déjà qu'ils sont jaloux de mon savoir et de mes références socioculturelles !

Lettre au… mensonge

Cher mensonge,

J'espère que tu liras cette lettre pleine de vérités en ayant confiance en moi. Parce que, si ça se trouve, moi aussi je vais mentir…

Et si tu te demandes pourquoi je me permets de te tutoyer, sache que c'est parce que je n'ai jamais eu aucun respect pour le mensonge.

Enfin, tout le paradoxe du mensonge est là : si je te dis que je suis en train de te mentir, ne suis-je pas en train de te mentir quant au fait que je te mens, et donc ne suis-je pas, dès lors, en train de te dire la vérité ? Auquel cas je suis en train de… te mentir !

Ce qui voudrait dire que je dis la vérité quand je dis que je mens ?!? Et donc, quand on dit à quelqu'un qu'on ment, c'est à la fois vrai et faux !

Évidemment, tout ce raisonnement est tiré par les cheveux, mais, comme ce n'est pas tout à fait faux, c'est juste un très bon exemple de comment s'en sortir quand on est pris en flagrant délit de mensonge dans son couple !

Ça ne vient pas de moi, mais d'une amie qui ment tout le temps, même quand elle parle de la pluie et du beau temps.

Faut dire, cher mensonge, que la frontière entre toi et la vérité est de plus en plus ténue. Depuis, notamment, que ce génie du vide qu'est Donald Trump a inventé les « vérités alternatives ». Voilà donc que le leader du monde libre arrive à contredire la physique, la biologie, la climatologie et même juste le bon sens, sans jamais verser dans le mensonge, juste parce qu'il ne produit QUE des « vérités alternatives »...

Si vous doutez du fait que ce soit un génie, essayez de convaincre votre conjoint que vous n'avez pas couché avec quelqu'un d'autre et que ceci n'est pas un mensonge, mais une vérité « alternative ». Bon courage ! Et ensuite, imaginez que Trump ne le fait pas avec UN conjoint, mais avec 320 millions d'Américains !

Alors attention, toutefois, comme le dit le proverbe : « Toute vérité n'est pas bonne à dire » et, parfois, il vaut mieux un gros mensonge qu'une demi-vérité.

Par exemple : « Maman, c'est vrai que je suis moche ? » Réponse : « Mais non, mon chéri, tu es ni beau ni laid, tu es... normal. Comme papa ! »

Voilà ! Il ne sert à rien de dire des vérités blessantes, puisqu'il existe des alternatives pour s'en sortir sans mentir... Autre exemple : tout à l'heure, un ami m'a demandé : « Tu me trouves comment physiquement, Léa ? » et j'ai répondu : « Oui, ça va, merci. Et toi ? »

Mais il y a aussi des moments où les notions de vérité et mensonge sont incompréhensibles. Ainsi, quand on entre aux États-Unis, on doit remplir une fiche dont l'une des questions est : « Êtes-vous un terroriste ? »

Qui a déjà répondu oui ?! Je sais bien que les terroristes sont passablement abrutis, sinon ils ne seraient pas terroristes, mais, là, c'est un peu gros, quand même.

« Êtes-vous arrivé en avion ? » Oui.

« Êtes-vous là pour le travail ? » Oui.

« Êtes-vous un terroriste ? » Oui... Oh NOOOOON, MINCE, ils m'ont démasquée grâce à leur piège incroyablement subtil et, osons le dire, machiavélique !

Heureusement, chers mensonges, il existe des moyens de vous déceler. Par exemple, on peut utiliser le fameux détecteur de mensonges, même si les agents secrets les mieux entraînés arrivent à le duper. La machine n'est donc pas fiable à 100 %, alors que ma mère, elle, c'est le plus grand détecteur de mensonges au monde. T'as beau être entraîné, tu te fais toujours avoir !

D'autant que ses questions sont toujours les mêmes :

— Ça va, ma chérie ?... Dis donc, c'est quoi, cette tête ? Toi... toi, t'as quelqu'un en ce moment ?

— Non, pas du tout, maman.

— D'accord, ma fille. Et c'est quoi, son petit nom ?

Et voilà, grillée chaque fois ! Je vous jure : tu mets ma mère au FBI, elle te résout tous les *cold case* depuis trente ans !

Et puis, il faut bien avouer, cher mensonge, qu'on a du mal à imaginer un univers dans lequel tu n'existerais pas. Il faut dire que ce serait étrange, un monde dans lequel les hommes politiques seraient totalement muets !

En même temps, on est d'accord que, s'ils ne disaient QUE la vérité, ce serait compliqué de se faire élire : « Votez pour moi, car je défendrai bec et ongles les lobbys qui ont financé ma campagne et je suis prêt à raconter n'importe quoi pour obtenir une voix. Y compris des choses auxquelles je ne crois pas, car je ne crois en rien et que, de toute façon, quand je serai élu, je passerai tout mon temps à essayer d'être réélu ! »

En couple aussi, ce serait compliqué :

— T'étais où hier soir, chéri, t'es rentré tôt, non ?

— Bah, j'ai bu un coup avec les collègues et, au bout de trois bières, j'étais chaud, du coup j'ai essayé de me taper la stagiaire de la compta, mais elle m'a envoyé chier, donc je suis rentré à la maison, mon chaton…

Bref, la vie sans toi, cher mensonge, ne serait pas envisageable, et il vaut mieux parfois t'appliquer. C'est pourquoi, chers lecteurs adorés à qui je pense tout le temps, je vais en terminer avec cette lettre qui m'a demandé des heures et des heures de travail acharné, et dont je suis très fière !

Lettre à… l'écologie

Chère écologie,

Tu me fais penser à ces copines dépressives à qui on n'ose jamais demander si ça va. Parce qu'on sait, par avance, qu'elles vont répondre non !

Et que, derrière, ce sont des heures de discussion pour n'arriver à aucune solution.

Pourtant, à en croire les experts, si l'on ne s'occupe pas mieux de toi, chère écologie, dans une poignée de décennies, on va tous crever. Alors, en ce qui te concerne, certains diront qu'il faut réussir à lâcher prise, mais, vu la situation, moi je n'ai qu'une envie, c'est de mettre les doigts dedans.

Et puis, comme je l'ai déjà dit, je ne suis pas certaine que François de Rugy, qui a succédé à

Nicolas Hulot, ait été une bonne idée… Parce qu'on sait ce que ça donne, quand un François succède à un Nicolas ! Je l'ai déjà dit dans une précédente lettre. Je suis au courant. Mais je ne fais jamais l'économie des bonnes vannes. En bonne écolo que je suis, je les recycle ! Voilà !

Personnellement, j'avoue, j'aime beaucoup Yannick Jadot. Son nom me fait penser à un doux parfum de meilleur. Imaginez une pub pour parfum écolo « Jadot, j'adore ». Ça sent bon, non ?

Et puis, j'aime bien Jadot parce qu'il est réaliste… Il savait qu'il ne gagnerait pas en 2017, mais il s'est dit pourquoi pas en 2022 ? Moi, je suis pareille. Je savais que j'allais pas réussir à reconquérir mon ex en 2017, mais je réessaierai en 2022.

Oui, finalement, je ne sais pas si on est réalistes ou juste tenaces…

Quoi qu'il en soit, chère écologie, je trouve que les Verts ont été plutôt discrets, ces derniers temps ! Alors, deux options : soit c'était pour s'entraîner à avoir la main plus verte, soit c'était pour faire oublier qu'ils ont eu la main baladeuse.

Bref, chère écologie, pour être honnête, il n'y a pas plus écolo que moi.

Je suis pour la défense de l'environnement, la défense des animaux et la défense de l'apéro. Parce qu'il faut bien un moyen d'oublier la situation si délicate des deux premiers !

Je suis pour le commerce équitable, tout comme je suis pour le divorce équitable et pour la répartition de l'addition équitable… Je suis pour tout ce qui est équitable, en fait.

Je suis contre la déforestation SAUF… pour les femmes et les hommes qui se mettent nus. Là, franchement, allez-y ! Faites-le au moins pour les autres !!! Bougez-vous. Un peu d'huile de coude, c'est moins nocif que de l'huile de palme.

Je suis contre l'Anthropocène. Essentiellement parce que personne ne comprend ce mot !!!

Je suis pour l'énergie solaire. En même temps, qui n'est pas pour se ressourcer avec des vacances à l'année ?!

Je suis pour les éoliennes. D'ailleurs, je suis une éolienne à moi toute seule, étant donné le nombre incalculable de vents que je me prends.

Je suis contre le changement climatique. Ça devient insupportable… partout où je vais, le climat est atroce au départ et, dès que j'entre dans une pièce, y a un climat de confiance qui s'installe !! C'est plus possible, ce changement climatique !

Comme beaucoup d'écolos, je suis contre le CETA : l'accord de libre-échange entre l'Union européenne et le Canada… Parce que le CETA, ça fout toujours le bordel. Et je sais de quoi je parle, j'en suis une habituée… « CETA faute » par-ci, « CETA responsabilité » par-là. Ras-le-bol.

Mais, chère écologie, j'ai deux questions qui me turlupinent.

Quel est le tri le plus important pour avancer : le tri des déchets ménagers ou le tri des ordures politiques ?

Et le test de glyphosate fait à partir de l'urine des députés, c'était vraiment pour savoir s'ils en avaient, ou c'était pour économiser une chasse d'eau ? Avoue !

Bon, allez, chère écologie, j'arrête cette lettre pour aller en écrire une prochaine. Histoire de prouver que, moi aussi, je peux être une énergie renouvelable.

Lettre au... tennis

Cher tennis,

Telle ma raquette, j'ai pris mon courage à deux mains et j'ai repris du service pour t'écrire cette lettre à la volée.

Il faut dire que, comme tous les Français, j'attends chaque année Roland-Garros avec la même impatience. Même si on ne peut pas parler de Roland sans évoquer son terrible bilan sur l'économie française, puisque, depuis des lustres, cet événement coûte leur bac à de nombreux lycéens censés réviser, mais qui, soudainement, se passionnent pour toi, cher tennis... Et ne fais pas l'innocent, tu le sais : tu as fait plus de mal aux étudiants français que les boîtes de nuit au mariage de Christophe Castaner, c'est dire !

En parlant de Castaner, il faut avouer que ça peut être sauvage, le tennis : imaginez ce que c'est d'être face à un type qui vous balance une balle en caoutchouc à plus de 200 km/h ! Ben, la même impression qu'un « gilet jaune » face à une compagnie de CRS, sauf qu'il y a quand même moins d'éborgnés au tennis... Moi, je suis sûre que tu mets Castaner face à Nadal, il te qualifie le match d'« attaque à des fins de destruction » et qu'il fout tout le clan Nadal en garde à vue en deux temps, trois mouvements ! Avant, bien sûr, d'aller fêter sa victoire comme il se doit, en boîte de nuit, tout en caressant la « croupe des vices »...

Pardon ! J'ai dit ça ?

Enfin, heureusement, Roland-Garros, ce n'est pas que ça : c'est aussi l'occasion de revoir Jean-Paul Belmondo et Patrick Bruel remuer la tête de gauche à droite pendant des heures, comme les célèbres chiens en plastique à l'arrière d'une vieille Ford. Mais c'est surtout le moment pour Nelson Monfort de resurgir de sa boîte tel un diablotin anglophone ! Parce qu'il faut savoir que Nelson traduit tout, même notre langue maternelle. Tu lui réponds : « Oui, ça va, merci » et, lui, il enchaîne : « Alors, Léa nous dit qu'elle est en relativement bonne forme, mais que le match fut particulièrement difficile un lendemain de cuite aux mojitos passion. » « Oui, oui, oui, c'est bon, Nelson, merci ! » Rappelons au passage que, depuis que Mandela est décédé, M. Monfort est devenu le Nelson numéro un : bravo.

Et puis, cher tennis, Roland-Garros, c'est aussi pouvoir regarder des matchs entre Français avec plein de questions turlupinantes : lequel va se blesser en premier ? Peut-il y avoir deux perdants dans un même match ? Pourquoi ne font-ils pas service volley, au lieu de se faire voler leur service ? Et, surtout, comment font les Français pour ne faire que des coups droits et tout de même aller de revers en revers ?

Bref, t'as compris, on passe d'excellents moments !

On ne va pas se mentir, cher tennis, aujourd'hui, les légendes sont Roger Federer qui, en vingt ans de carrière, n'a toujours pas fait d'erreur ! Rafael Nadal : l'homme au coup droit plus lifté que les pommettes d'Arielle Dombasle ! Sans oublier Djokovic qui, lui, est un peu plus acerbe – oui, il s'agit d'une blague réservée aux fans de tennis ET de jeux de mots géographiques, et je constate que cette prouesse est assez rare. En toute modestie, bien entendu !

En revanche, moi qui me suis essayée au tennis, à mes heures et ma jeunesse perdues, je dois bien constater que tu as, cher tennis, été inventé par un fou, probablement analphabète, dyslexique ou bourré ! Parce que personne n'ose rien dire, mais c'est quoi, cette façon de compter les points ? C'est n'importe quoi : on ne dit pas 1-0, mais 15-0, ensuite on passe à 30 et après 40 ?! On dit pas 1 partout, mais 15 A ; et on ne dit pas 3 partout, mais égalité. En fait, y a rien qui va ! À la limite, quand on fait 40/15, c'est pour une addition : 40 pour toi, 15 pour moi, mais c'est tout. Oui, c'est la raison pour laquelle je joue ma vie sentimentale en simple et pas en double. J'ai d'ailleurs fait plus de smashs que de smacks dans ma vie...

Et les noms... Le tie-break décisif, c'est-à-dire le « cassage de cravate », c'est n'im-por-te quoi !

Résultat, je ne suis pas loin de déclarer forfait !

D'ailleurs, cher tennis, au niveau national, tu es actuellement encombré de nombreuses accusations de tricherie et de corruption, à cause des paris en ligne. Il faut savoir que certains joueurs français sont accusés d'avoir été payés pour se forcer à perdre, ce qui est ridicule : autant me payer moi directement. Vu que je n'ai aucun effort à faire pour perdre, ça évitera des tracas à tout le monde ! Et à défaut que ce soit la balle, ça me permettra déjà à moi de rebondir.

Allez, je te laisse, cher tennis ! Je te dis à très vite, en gardant la foi, même si l'on sait déjà qu'à Roland-Garros la terre est comme nos joueurs français : systématiquement battue. Et que Wimbledon, pour eux, c'est chaque année *Gazon maudit* !

Voilà, et, ça, c'est pas un *ace*, je sais que ça va me revenir en pleine gueule.

Lettre au… Festival de Cannes

Cher Festival de Cannes,

Je t'écris, même si je sais que tu es plus habitué à ouvrir les enveloppes pour découvrir le nom d'un gagnant que pour lire les récriminations d'une loseuse.

Mais tant pis, cher Cannes, je me lance, car j'essaie de comprendre comment une petite station balnéaire pour personnes en fin d'existence devient, le temps de deux semaines, le centre du monde fermé du cinéma. Comment la Côte d'Azur, avec ses flots bleus et ses cheveux violets, devient pour douze jours la capitale mondiale de l'industrie du fantasme ?

Sans doute, me direz-vous, que ça ne change pas grand-chose, pour les vieux, de passer d'un festival de déambulateurs à un Festival de Cannes ?

Mais soyons honnêtes : Cannes, le reste de l'année, c'est essentiellement des blondes d'un certain âge trop bronzées. Et, à part Emmanuel Macron, ça fait rêver personne !

Et pourtant, magie du cinéma : d'un coup de tapis rouge, tu deviens, cher Festival de Cannes, le lieu le plus scruté du monde, l'endroit le plus hype de la planète, celui qui fait rêver grâce à tout ce glamour et ce chic à la française.

À tel point, cher Cannes, que, pendant deux semaines, pour donner un coup de rêve à mon quotidien, je « festival-de-cannise » tout ce que je peux et je m'imagine là-bas !

Par exemple, j'enfile ma plus belle robe… pas de chez Cartier, mais de mon Quartier ! Je fais la montée des marches… jusqu'à la porte de chez moi. Et je souris à tous ceux qui prennent des photos, même si je ne suis pas dans le cadre ! Et le must, attention, je ne me refuse rien : je loge juste au-dessus du Martinez… Pour être plus précise, de M. Martinez…

Bref, je fais ce que je peux pour donner une touche de strass et de paillettes à mon quotidien, qui est plus souvent stress et claquettes !

Mon seul festival à moi, c'est le « Festival de vannes » avec la montée de trois pauvres marches et des prix. Oui, des prix sur les fringues. Parce que j'ai pas les moyens.

Et honnêtement, cher Festival, entre nous, la montée des marches, c'est fatigant… Depuis le temps, t'aurais pu penser à mettre un Escalator.

Et puis, on ne comprend rien à tes catégories : Un certain regard, la Quinzaine des réalisateurs, la sélection officielle, les hors-compétition, la Semaine de la critique, alors que tout ce que les badauds veulent savoir, c'est comment est habillée Penélope Cruz et si on a vu un bout de nichon de Sophie Marceau !

Alors, précision quand même : dans les films en compétition de l'année 2019, il y avait *Douleur et Gloire*, de Pedro Almodóvar. À ne pas confondre avec *Gloire et Douleur*, qui sera sûrement le biopic d'Emmanuel Macron.

Il y avait aussi *Matthias et Maxime*, de Xavier Dolan, qui n'a rien à voir avec « Mathias, Maxime, Baptiste, Nicolas, Rudy, Antoine, Jérôme, Léo, Laurent, Brad et George », qui n'est autre que mon palmarès du Festival de Cannes 2018.

Bon, OK, je fais la mauvaise, cher Festival de Cannes, parce qu'en vrai je suis juste dépitée de ne pas y être ! Surtout que, cette année, il y a une clôture *Hors normes*, de Nakache et Toledano, et que celui-là je voulais vraiment pas le louper.

Tout ça pour dire, cher Festival de Cannes, que tu me fais toujours autant rêver et, un jour, j'arriverai chez toi par la grande porte ET le tapis rouge, avec ma robe de couturier, en train de me faire interpeller par des centaines de photographes avides de mon attention…

En attendant, la dernière fois que j'ai entendu « Léa ! Léa ! Léa ! Léaaaaa ! », ça s'est conclu par : « Léa, arrête de ronfler, sérieux ! » Du coup, cher Festival, je vais encore un peu travailler mon glamour et j'arrive !

Lettre à… l'hypocondrie

Chère hypocondrie,

À ta place, je n'ouvrirais cette lettre que si tu as du gel antibactérien ! Comme tu le sais, on n'est pas à l'abri d'un petit microbe qui traîne !

En effet, chère hypocondrie, tu es focalisée sur les maladies et la possibilité d'en contracter, et ton plus fier représentant n'est autre que notre maître à tous, le poids lourd de l'hypocondrie, l'« hippopocondriaque » en chef : Michel Drucker ! L'homme qui fait un check-up annuel par semaine, le malade tellement imaginaire qu'il met Molière à l'amende, le gars qui a un scanner de chevet et qui communique par stéthoscope… Moyennant quoi, rendons-lui hommage : c'est vrai qu'il ne fait pas ses 170 ans !

Rendons aussi hommage aux hommes en général, pour qui le moindre rhume se transforme en agonie mortelle et pour qui une minuscule grippe conduit tout droit aux portes du royaume d'Hadès, du moins si l'on en croit leurs plaintes éplorées : « Je crois que je vais mourir… »

Alors, oui, messieurs, je chiale peut-être en regardant une comédie romantique et je pleure aussi parfois à chaudes larmes en regardant ma balance, mais moi, au moins, je ne m'évanouis pas dès que je me coupe furtivement le doigt avec une feuille de papier !

Sérieusement, messieurs, essayez un peu d'avoir vos règles avec de l'endométriose : vous verrez ce que c'est que de vraiment douiller et de faire quand même bonne figure en toutes circonstances.

Chère hypocondrie, je te maudis… Si seulement tu savais ce que c'est d'être hypocondriaque…

Être hypocondriaque, c'est fuir les enfants, ces espèces de nids à microbes dont on voit les germes s'écouler à grands flots jaunâtres de leurs narines infectieuses !

Être hypocondriaque, c'est abhorrer les salles d'attente où l'on peut mourir d'ennui devant un *Gala* qui décrit le merveilleux mariage de Lady Di, et mourir tout court en observant la concentration de malades tout autour qui exhalent leurs miasmes à qui mieux mieux. Quelle merveilleuse idée a eue le premier qui s'est dit : « Tiens ! Et si l'on regroupait tous les malades du quartier dans un endroit confiné ? » On dirait une nouvelle émission TV : « La France a une incroyable maladie », où le gagnant est celui qui va le plus mal !

Être hypocondriaque, c'est aussi lire systématiquement les effets secondaires de chaque médicament et ressentir tous ces symptômes AVANT même de prendre le médicament en question.

Être hypocondriaque, c'est avoir Doctissimo en page d'accueil, en lire tous les forums et, grâce à eux, se découvrir chaque jour une nouvelle maladie, inconnue du grand public et probablement incurable !

Être hypocondriaque, c'est donc avoir un bac + 12 en médecine imaginaire.

Être hypocondriaque, ce n'est pas avoir un rhume, mais une « rhinopharyngite systémique aiguë avec infection des voies respiratoires ».

Être hypocondriaque, c'est avoir une ligne directe avec le moindre petit organe de son corps, même ceux qui n'existent pas !

Être hypocondriaque, c'est avoir dans son sac à main l'équivalent des stocks de deux pharmacies de quartier.

Être hypocondriaque, c'est désinfecter son gel antibactérien avec une lingette avant de l'utiliser pour les mains !

Être hypocondriaque, c'est surtout vivre au quotidien la tyrannie de l'angoisse. C'est être plongé dans le désespoir au moindre fourmillement, à la moindre agitation intestinale. C'est exploser en vol en cas de palpitations !

Bref, chère hypocondrie, tu n'es pas facile à vivre, et j'aimerais continuer cette lettre encore et encore, parce que, quand je me dis que c'est bientôt la fin, je ne me sens vraiment pas bien… Alors, en traitement préventif, je vais me faire une tisane corticoïdes-paracétamol-antidépresseur-mojito et j'espère que ça ira mieux !

Je ne te serre pas la main, chère hypocondrie, mais je te dis adieu. Enfin au revoir, à bientôt et même à tout de suite, parce qu'un imbécile vient juste d'éternuer à mes côtés.

Lettre au… célibat

Cher célibat,

J'ai eu le temps de t'écrire cette lettre puisque je suis comme d'habitude… seule.

C'est pas que je compte, hein, mais ça va bientôt faire 4 ans, 2 mois, 6 jours et 12 heures que je te fréquente d'un peu trop près, cher célibat de mes…

Pardon, je m'emballe ! Et je suis bien la seule…

Disons que je cherche désespérément chaussure à mon pied, tout en ayant l'impression d'être cul-de-jatte. Je te le dis franchement, mon cher célibat, j'en suis à un point où je ne suis plus vraiment regardante : je cherche l'âme sœur, mais aussi l'âme frère, voire même l'âme cousin, comme Christine Boutin.

L'équation est pourtant simple, cher célibat : pour que tu sortes de ma vie, il faut que quelqu'un y entre. J'ai donc consulté les statistiques et découvert que 15 % des femmes rencontraient leur future moitié dans des soirées entre amis. Et c'est là que je me dis que j'ai mal choisi mes potes ! Parce qu'autant, si je voulais me marier avec un spritz ou une piscine de rosé, y aurait aucun problème, autant pour ce qui est de présenter des célibataires à l'image de l'eau… c'est-à-dire potables : y a plus personne !

Il paraît, sinon, qu'on rencontre aussi son partenaire au boulot… Donc, bonjour à toutes et à tous, chers lecteurs ! Car au moment où je vous écris, je bosse !

Bon, en vrai, ça ne marche pas non plus parce que, au moment où vous me lisez, je ne suis plus au travail.

On rencontre aussi sa moitié pendant les études, mais ça fait longtemps que j'en suis sortie… À moins que je me mette à donner des cours pour rencontrer des étudiants ! Mais c'est un coup à se retrouver première dame de France, donc non merci !

Certes, il reste les sites de rencontres et les applications… Sauf que Tinder et compagnie, ce n'est pas mon truc. Déjà, il faut savoir se vendre, et c'est là que le « céli-bât » blesse, parce que moi, dans ma tête, j'ai déjà l'impression d'être une vieille promo ou un invendu de l'année. Difficile de convaincre avec ça !

En plus, j'ai vu la tête des gens inscrits sur cette appli et c'est vrai qu'on comprend vite pourquoi Tinder, c'est pas loin de Kinder : parce que t'as toujours des surprises et tu sais jamais ce que tu vas devoir monter au final !

J'ai vu qu'il y avait également des sites pour « célibataires exigeants ». C'est n'importe quoi ! Quand t'es célibataire depuis plus de trois ans, crois-moi, t'as pas du tout les moyens d'être exigeant.

Et puis, je ne sais pas si vous avez vu, il y a un site de *beautiful people*, avec que des gens connus et branchés ? Non ? Vous ne connaissez pas ? Eh bien, moi non plus !

Voilà, j'ai bien réfléchi, cher célibat, et la solution pour moi c'est sans doute d'attendre. J'attends le marché de seconde main : les occasions, de type divorces, veuvages et autres ! Si l'autre a déjà été un peu cabossé par la vie, je me dis que j'ai plus de chance que ça passe !

En plus, il y a pire : il y a être seule et ne plus se bouger pour que ça change, ce qui s'appelle « être céli-grabataire ».

Parce que je ne me vois pas devenir la vieille fille, vous voyez, cette dame dans les films qui pousse un Caddie plein de vieux trucs en boitant et en hurlant des phrases sans queue ni tête, et qui se fait systématiquement renverser à la moindre course-poursuite !

Non, non, non, je ne veux pas en arriver là.

Pourtant, je ne voudrais pas aller vers la théorie du complot, mais je me demande si le fait que je sois *single*, ça ne serait pas un coup des Illuminati et des services secrets russes parce que, comme par hasard, si tu prends « Léa Lando » et que tu changes sept lettres, ça fait « célibat ». COMME PAR HASARD…

Sans compter que, si tu additionnes tous les chiffres de ma date de naissance, tu te rends compte que… eh bien, que ça fait un bout de temps que je suis née. Ce qui n'aide pas !

Mais le plus important, c'est que le célibat, c'est comme être seule sur une île déserte : ça n'existe pas ! Ben oui, si tu es sur l'île, elle n'est plus déserte, CQFD ! Du coup, être célibataire, c'est comme être seule sur une île habitée et, ça, ça fait chaud au cœur… Enfin, je crois !

C'est l'histoire de ceux qui voient le verre d'eau à moitié plein plutôt qu'à moitié vide. Du coup, ce soir, promis, quand je rentrerai, je verrai mon chez-moi à moitié plein et pas à moitié vide… Même si ça change rien, putain !

Lettre à… la lâcheté

Chère lâcheté,

Je t'écris cette lettre que tu ne liras probablement pas, car on sait que le courage ne t'étouffe pas.

Et le pire, chère lâcheté, c'est que la loi ne te condamne même pas : on ne peut pas être jugé pour avoir été couard, sauf en cas de désertion de l'armée.

Résultat, à cause de toi, chère lâcheté, un mec peut aisément quitter sa femme sans jamais le lui dire en face, mais juste en la ghostant, en changeant de numéro de téléphone, voire même d'adresse pour les plus gros lâches. Ou en allant chercher des clopes pour le reste de sa vie. Oui, celle-ci, c'est la plus vieille des excuses et je la cite pour rappeler que tu n'es pas nouvelle, chère lâcheté, tu es même vieille comme l'humanité.

Mais avoue que les nouvelles technologies te font la part belle.

Parce que s'il a été longtemps possible de se faire quitter par lettre – ce qui est dur –, il est ensuite devenu possible de se faire larguer par texto – ce qui est encore plus dur. Et maintenant, il est possible de se faire larguer par WhatsApp – ce qui est encore plus violent, surtout quand le groupe WhatsApp est composé des membres des deux familles !

Mais, en vrai, quand on y réfléchit, qui est le plus lâche : le mec qui quitte sa nana par texto parce qu'il ne l'aime plus ou celui qui reste avec elle par flemme de chercher un nouvel appart ?

Parce que, disons-le, être lâche, c'est fuir ce qui fait peur, ce que l'on n'ose pas affronter. Par exemple, je l'avoue humblement, moi, je suis lâche face une couette et une housse de couette. Quand vient le moment redouté de changer de couette, la lâcheté me pousse à envisager d'aller acheter une couverture, ou de dormir une nuit de plus dans des draps pas franchement impeccables. Voire même de passer la nuit en doudoune et pantalon de ski !

Sans oublier, chère lâcheté, que tu es devenue la star des réseaux sociaux… C'est vrai, ça !

Qui sont ces fameux *haters*, si ce n'est des lâches, occupés à critiquer tout et le monde, en restant bien planqués derrière le gilet pare-balles de leurs alias numériques ?

Prenons par exemple « Bogossdu92 », qui a copieusement insulté Teddy Riner sur les réseaux sociaux, bien à l'abri derrière son anonymat : s'il était face au dit « Teddy », Jérôme Marcelin (son nom dans la vraie vie) proposerait-il au champion de judo de 140 kg de retourner dans son pays afin de se régaler d'un régime de bananes ? J'en doute…

Reconnaissons cependant que Teddy Riner est en lui-même un vrai vecteur de lâcheté : si Teddy Riner t'intime de te taire, le plus probable est que tu répondes : « Oui », plutôt que : « Je t'emmerde ».

Et puis parfois, reconnaissons, chère lâcheté, qu'on a du mal à déterminer ce qui relève de ton domaine ou pas. Par exemple, si Benoît Hamon arrêtait la politique, serait-ce de la lâcheté ou du réalisme ? Serait-il couard de fuir la difficulté ou aurait-il le courage d'être réaliste ?

Quand Laurent Wauquiez, fort de ses 8,3 % aux européennes, déclare face caméra : « Je suis persuadé qu'une majorité des Français partage nos opinions », est-il extrêmement courageux face à la défaite ou complètement naïf ? On ne sait pas…

Et ça, c'est sans parler de nos tennismans français à Roland-Garros : vaut-il mieux avoir le courage de la lâcheté et ne pas y aller ? Ou être courageux et venir se prendre une belle dégelée devant plusieurs centaines de milliers de Français ?

Mais, chère lâcheté, la vraie question qui demeure, ça reste quand même : finir une lettre sans la moindre chute, est-ce du courage ou de la lâcheté ? Peut-être est-ce tout simplement…

… Voilà, j'ai fini.

Ah bah, j'avais dit : « Pas de chute ! » Comme quoi, je ne suis pas lâche, j'ai simplement eu le courage de ne pas aller au bout !

Lettre à… la famille

Chère famille,

Comme c'est en ton sein – oui, dans sa « propre » famille – qu'on nettoie son linge « sale », autant te dire que je t'ai dans ma ligne de Mir… (Express) !

Que tu sois monoparentale, homoparentale, dysfonctionnelle ou recomposée, je m'adresse à toi, chère famille, au sens large… Sans aller non plus jusqu'à parler de la grande famille de la télé, dont tout le monde sait que Michel Drucker est à la fois le père, le grand-père et l'arrière-grand-père. Ou de celle de l'Église catholique, probablement la famille la plus compliquée de toutes puisque personne ne procrée, mais où les pères s'appellent frères et où les mères des sœurs sont supérieures !

En même temps, chère famille, tu n'es facile pour personne. On a tous ce tonton qui fait des blagues salaces qui gênent tout le monde, le papy qui raconte la guerre qu'il n'a pas connue, la mère qui se met sur les réseaux sociaux juste pour commenter tes posts et te ridiculiser, le père qui, parce qu'il a gagné des sous, pense que tu lui dois tout. Et quant à la gentille tata célibataire un peu foldingue qui boit un peu trop et parle fort, c'est tout simplement moi !

Tu es ainsi, chère famille, composée de gens qui donnent parfois envie de disparaître six pieds sous terre et, plus rarement, qui donnent envie de les mettre six pieds sous terre, puis de disparaître. Du moins dans le cas de Xavier Dupont de Ligonnès.

Dupont de Ligonnès qui, notons-le au passage, est un des rares à avoir été non pas à la tête d'une famille recomposée, mais d'une famille décomposée… C'est sûr qu'il est important qu'une famille ait de bonnes fondations, mais pas au point de les enterrer sous sa maison !

Néanmoins, chère famille, merci ! Merci d'avoir été la muse de Sigmund Freud, qui a pu ainsi créer le complexe d'Œdipe, beaucoup plus original et passionnant que le complexe du grand pif ou du gros cul.

Sauf qu'à l'époque, pour faire connaître ses idées, il fallait rédiger des traités, faire imprimer des livres, et ça prenait des plombes. Vous imaginez Freud avec les moyens d'aujourd'hui ? « Kikou, mes Œdipounets ! Bienvenue sur la chaîne YouTube de Sigmund ! Aujourd'hui, un super-tuto sur le oim, le suroim et le aç !… Et n'oubliez pas mes psychanalysés : NLN, nique les névroses ! Si cette vidéo t'a plu, écoute tes pulsions et abonne-toi à ma chaîne ! »

On rate de grands moments, je pense…

D'autant que j'aurais adoré que Freud puisse analyser les familles célèbres de notre époque. Comme la famille Bélier, où l'on ne parle pas assez ; la famille Lopez du 36, où l'on peut compter les uns sur les autres autant pour la castagne que pour les fautes de français. Et, bien sûr, la famille Sissi ou plutôt devrais-je dire : « Si si la famiiiille ! »

On connaît aussi les embrouilles entre frères mythiques : notamment Abel et Caïn, Rémus et Romulus… Moix et Moix.

D'ailleurs, franchement, que tous ceux qui se plaignent de toi, chère famille, aillent en stage obligatoire de huit jours dans la famille Moix, par exemple. À mon avis, ils en reviendraient plus détendus sur leur clan !

Ce qu'il y a de sûr, chère famille, c'est qu'on ne peut pas s'absoudre de toi. On ne peut pas décréter qu'on n'est plus parent. On ne peut pas aller voir son fils et lui dire : « Yann, voilà ma lettre de dem'... On a eu des bons moments, j'ai beaucoup appris à tes côtés, mais je pense que j'ai besoin d'aller m'épanouir ailleurs, je vais prendre une année sabbatique et ensuite aller élever un autre enfant à Bali... Comment on fait pour le solde de tout compte ? » Non, on ne peut pas. Même si parfois on en a envie...

Pareil, un enfant ne peut pas quitter un parent du jour au lendemain. Il ne peut pas aller voir sa mère et lui dire : « Bon, désolé, maman, mais je vois quelqu'un en ce moment. C'est une maman plus jeune, plus sexy, je me sens plus vivant avec elle, parce que tu sais, moi, les femmes de plus de 50 ans, pffff »... Non, ça non plus, on ne peut pas.

Même si, dans certains cas, pour ne plus avoir de parents, ça va loin. Comme dans le cas de Jules César puisque, comme le disait son fils Brutus : « Parricide... la bonne soupe » !

Et on ne peut pas non plus se « défrère »...

Bref, c'est difficile de te quitter, chère famille. D'ailleurs, c'est certainement pour ça qu'on parle de « cellule familiale ». Mais un jour on finit par s'évader pour aller fonder ailleurs sa propre prison… famille, pardon !

Voilà, c'est la fin de cette lettre et je vous souhaite à tous un excellent moment… en famille !

Lettre à… la mort

Chère mort,

Je te le dis tout de suite, c'est pas parce que je t'écris qu'on est copines ou que j'aimerais mieux te connaître. Pas du tout !

D'ailleurs, c'est pas du tout économique de mourir maintenant. Les cercueils coûtent trop cher, et se faire incinérer, c'est pire vu le prix de l'essence !

Ah oui, parce que même mort il y a un coin fumeur et non fumeur : le cercueil ou l'urne !

Et, à ce sujet, j'ai deux demandes : si c'est l'urne, s'il vous plaît, ne me jetez pas à la mer… Je ne sais pas bien nager.

Et si c'est le cercueil, pensez à mettre mon réveil dedans et à le régler sur 7 heures du matin. Comme ça, le lendemain, quand il sonnera, je pourrai dire : « Je m'en tape, je ne me lève pas ! » Juste pour le plaisir.

Enfin, chère mort, sache que tu divises : moi, tous les jours, je fais attention à ne pas mourir, alors que les suicidaires font attention à ne pas se rater !

Je te le dis honnêtement, t'es pas du tout ma priorité. Non, moi, en ce moment, j'ai surtout hâte de faire l'amour pour voir ce que ça fait de se sentir toujours vivante !

Même si j'ai remarqué que les hommes, ces goujats, ne veulent être galants qu'au moment de la mort : « Après toi, ma chérie… »

Finalement, la seule mort sympa, c'est quand on est mort de rire.

Bref, il faut que je fasse attention à ce que je dis… Parce qu'il y a plein d'auteurs qui ont écrit des choses très, très drôles sur la mort. Et ils sont morts quand même. Ça prouve bien, chère mort, que tu es hyper susceptible !

Et puis, saviez-vous que notre chère mort est supportrice de Saint-Étienne… Je le sais, parce que c'est la seule qui crie : « Allez, les vers ! »

Oui, cette vanne peut aller mourir tranquille.

Plus sérieusement, le vrai problème, avec toi, chère mort, c'est que t'es un peu comme Facebook... Tous les gens qu'on voulait oublier, tu leur permets de nous retrouver là-haut. Qui te dit qu'on a envie de les revoir ?

Et puis, chère mort, faudra qu'on règle nos comptes. Parce que, financièrement, tu me coûtes cher en psy, pour régler le fait que j'ai peur de toi. Tu te caches derrière toutes mes névroses. C'est vrai ! J'ai réalisé que je n'ai pas peur de l'avion, mais que j'ai peur de mourir en avion. Je n'ai pas peur d'être seule : j'ai peur de mourir seule. Et je n'ai pas peur de faire un régime, j'ai... la flemme ! Rien à voir.

Tu es, chère mort, au centre de la vie, alors que l'inverse est absolument faux.

La philosophie épicurienne est pourtant très claire là-dessus : la mort ne fait pas partie de la vie, donc on s'en fout. Et, manifestement, je suis pas super épicurienne, puisque je me demande souvent si je ne perds pas ma vie à attendre la mort...

En même temps, pardon, mais c'est quand même normal que j'y pense, vu qu'on est quand même beaucoup moins vivant que mort, puisqu'on vit, disons, quatre-vingts ans et qu'on est mort pour l'éternité, et l'éternité ça fait long. Je ne sais pas si vous voyez un monologue d'un « grand-parent » qui vous raconte une anecdote de son passé ? Eh bien, l'éternité, c'est au moins trois fois ça !!

En effet, vie et mort sont deux états bien séparés. On ne peut pas être à la fois vivant et mort, sauf dans *The Walking Dead*, dans *Game of Thrones* ou dans le public de « Vivement dimanche ».

Ou alors, dernière possibilité : on est mort et on ne le sait pas encore, comme dans *Sixième Sens* ou au siège de l'UMP.

Il faut d'ailleurs savoir que la mort peut être la cause d'énormément de souffrance et que des familles entières peuvent se déchirer, comme on le voit dans tous les épisodes de *Game of Thrones of Johnny Hallyday*.

La mort, c'est LA grande interrogation, accompagnée de sa kyrielle de petites questions : y a-t-il une vie après la mort ? Et dans le cas de Vincent Lambert, y a-t-il une vie AVANT la mort ?

Peut-on s'éteindre après sa mort ? Et, dans le cas de Jeanne d'Arc, combien de temps après ?

Si l'orgasme, c'est la « petite mort », peut-on dire que je suis immortelle depuis 3 ans, 4 mois, 5 jours et 8 h… 12 ?

Est-ce qu'on peut dire que la carrière de Laurent Wauquiez est morte ou qu'elle n'est jamais née ?

Ou encore, faut-il avoir du gel lubrifiant pour les obsèques ? Puisque leur nom semble le préconiser : les « zobs secs »...

Pardon, je m'égare !

Pour m'apaiser, je me dis que pour les bouddhistes la mort n'est que l'occasion de se réincarner dans un nouvel état. Moi, je vous préviens, je viens de bouffer du célibat pendant quarante ans, alors je veux bien me réincarner dans un n'importe quoi, mais EN COUPLE !

Du coup, je vais aller soigner mon karma et mettre un drap dessus. Au moins, comme ça, ça me fera un « karma sous draps »... C'est déjà ça !

Voilà, ainsi s'achève la vie de cette lettre qui s'adresse à mon pire cauchemar : la fin de l'existence ! Je croyais que je n'arriverais pas à en parler, mais, en fait, ça va. Au final, c'était pas la mort !

Lettre aux… au revoir

Chers au revoir,

Je vous écris cette lettre que vous ne lirez pas si vous avez filé en coup de vent. Ou que vous lirez en pleurant si vous vous éternisez.

Parce qu'il faut le dire, chers au revoir, vous êtes tous différents. Vous pouvez aussi bien être joyeux, désinvoltes, déchirants ou pathétiques, il n'en reste pas moins que vous n'êtes, comme on le dit souvent, qu'un au revoir, mes frères : nous nous reverrons un jour.

Tout est dit dans votre nom, chers au revoir. Quand on se dit « au revoir », c'est bien qu'on sera amenés à se RE-voir. Ce qui vous différencie d'ailleurs des adieux, qui, eux, sont définitifs. Et s'agissant de certaines personnes, ça m'arrange !

Mais je vous l'accorde, la différence entre « au revoir » et « adieu » n'est pas si simple.

Par exemple, nous avons eu la douleur de dire ADIEU à Johnny, alors que d'autres ont dit AU REVOIR à son héritage.

Par ailleurs, Charles Aznavour était lui le spécialiste des tournées d'adieux qui se révélaient la plupart du temps des tournées d'au revoir, jusqu'à l'adieu final.

Et puis, parfois, la nuance est encore plus fine. Par exemple, qui eût cru qu'après 1983 et le triomphe de Yannick Noah à Roland-Garros les tennismans français venaient non pas de dire au revoir, mais adieu à un succès en grand chelem.

Et que dire du PSG et de la victoire de la Ligue des champions ? Ou, pire, du PS et de la victoire tout court ?

Ou encore de Laurent Wauquiez et de son au revoir au parti Les Républicains, auquel on peut désormais dire adieu !

Il arrive aussi, chers au revoir, que certains d'entre vous deviennent mythiques, comme le « *I'll be back* » d'Arnold Schwarzenegger en version Terminator. Sans oublier le sublime « Au revoir » de Valéry Giscard d'Estaing, l'inventeur du plan-séquence fixe où il tourne le dos à la France, après qu'elle lui a tourné le sien ?

Un au revoir, ça peut aussi être un moyen, par exemple, de pimenter sa vie de couple. On est triste, certes, mais on est aussi dans l'anticipation de se revoir. Le au revoir, là, est synonyme de break… ce qui permet de briser le train-train quotidien. Après, ça peut être compliqué à gérer. Moi, par exemple, pour organiser des au revoir dans mon couple, j'ai toujours manqué de… eh bien, de couple !

Disons que, si certains font face au train-train dans leur couple, moi, j'ai plus une « trottinette-trottinette » : un truc où on est tout seul, quoi.

Et puis, chers au revoir, souvent vous vous accompagnez de plusieurs mercis. Par exemple, merci à tous ceux qui m'ont inspiré ces lettres. Merci à vous, pour les bons moments, merci pour les moyens moments, merci pour le reste aussi. Merci pour les fous rires que j'ai eus seule en me raillant du côté parfois pathétique de mon existence : les plaintes contre le célibat, les soirées mojitos et les kilos en trop, sans jamais lier les trois dans un sens ou dans l'autre…

Merci à mon éditeur pour sa confiance et merci à vous tous d'avoir acheté ce recueil de lettres. Allez, même si vous ne l'avez pas acheté, mais juste emprunté, volé ou eu en cadeau, merci de le lire.

Voilà. Alors, certes, il arrive qu'un au revoir s'accompagne d'une larmichette au coin de l'œil… Mais c'est plus rare quand on est des personnes aussi courageuses que nous, n'est-ce pas ?

Et puis rappelons que, si les adieux, c'est déchirant, les au revoir, c'est plein d'espoir… de se retrouver. C'est pourquoi, aujourd'hui, je vous dis : au revoir.

Sait-on jamais…

Table

Table

Pour en savoir plus
sur les Éditions Plon
(catalogue, auteurs, vidéos, actualités…),
vous pouvez consulter
www.plon.fr
www.lisez.com

lisez!

et nous suivre sur les réseaux sociaux

Editions Plon

@EditionsPlon

@editionsplon

MIXTE
Papier issu de sources responsables
FSC® C003309

L'Éditeur de cet ouvrage s'engage
pour la préservation de l'environnement
et utilise du papier issu de forêts gérées
de manière responsable.

CET OUVRAGE
A ÉTÉ ACHEVÉ D'IMPRIMER
SUR ROTO-PAGE
PAR L'IMPRIMERIE FLOCH
À MAYENNE EN OCTOBRE 2019

N° d'impression : 95222
Dépôt légal : novembre 2019
Imprimé en France